"市场·竞争·创新"系列丛书

政府干预、内部人控制与企业多元化并购

高燕燕◎著

本书系国家自然科学基金资助项目"政府干预、内部人控制与企业并购决策"（项目编号：71202113）的部分研究成果。

经济管理出版社
ECONOMY & MANAGEMENT PUBLISHING HOUSE

图书在版编目（CIP）数据

政府干预、内部人控制与企业多元化并购/高燕燕著. —北京：经济管理出版社，2016.1
ISBN 978-7-5096-4220-7

Ⅰ. ①政…　Ⅱ. ①高…　Ⅲ. ①上市公司—企业合并—研究—中国　Ⅳ. ①F279.246

中国版本图书馆 CIP 数据核字（2016）第 001090 号

组稿编辑：赵喜勤
责任编辑：张　艳　赵喜勤
责任印制：黄章平
责任校对：车立佳

出版发行：经济管理出版社
（北京市海淀区北蜂窝 8 号中雅大厦 A 座 11 层　100038）
网　　址：www. E-mp. com. cn
电　　话：(010) 51915602
印　　刷：北京九州迅驰传媒文化有限公司
经　　销：新华书店
开　　本：710mm × 1000mm/16
印　　张：12.5
字　　数：197 千字
版　　次：2016 年 1 月第 1 版　2016 年 1 月第 1 次印刷
书　　号：ISBN 978-7-5096-4220-7
定　　价：48.00 元

前　言

经济转轨时期，政府在行政上的“超强”控制和在产权上的“超弱”控制，导致国有上市公司呈现“政府干预”与“内部人控制”并存的治理特征。政府和内部人分别从企业外部和内部掌控着企业赖以生存的关键资源，使他们有能力利用手中资源将自身目标内化于企业的多元化并购活动中，导致本应以提升企业价值为目标的并购又肩负起履行政府经济、社会职能和实现内部人个人收益最大化的任务，由此造成国有上市公司的多元化并购呈现出一些典型特征，并最终传导到并购绩效上，形成不同的经济后果。因此，本书立足于我国经济转型的制度背景，研究政府干预和内部人控制对国有企业多元化并购行为的影响。

本书在梳理、归纳相关文献后，总结出政府干预、内部人控制影响多元化并购的四大理论基础。同时，从现实状况出发，分析了政府干预和内部人控制影响多元化并购的制度背景。接着，从规范和实证两个角度，利用独立样本检验、配对样本检验、中介效应分析、Logistic 回归、多元线性回归、事件研究法、因子分析等方法探讨了政府干预和内部人控制对多元化并购类型的影响、对并购对象选择偏好的影响以及对长短期绩效的影响。研究发现：①政府干预提高了国有上市公司相关多元化并购的可能性，内部人控制增加了公司无关多元化的可能性，在对并购类型的影响过程中，关键资源发挥了部分中介作用。②国有上市公司多元化并购表现出明显的行业偏好、关联交易偏好和同区域偏好。政府干预程度会显著提升这三种偏好，而内部人控制程度仅对行业偏好、关联交易偏好有影响，对同区域偏好影响不显著。进一步区分上市公司的最终控制人，发现中央和地方政府的不同职能目标和管制策略，使得中央和地方国有上市公司在偏好表现上有所差异。③多元化并购短期内毁灭企业价值，长期来看并购绩效变化不明显，验证了国有上市公司的多元化并购存在“绩效悖论”。政府干预、内部人控制、并购类型和并购偏好都会对并购绩效产生影响。政府干预提高了并购绩效，内部人控制会降低绩效。无关多元化并购会严重损害企业绩效，相关多元化并购的绩效表现相对较好。行业偏好可以给并购后提高长、短期绩效带来积极作用，关联并购偏好短期内导致业绩下降，但长期来看负面效应并不明显。同区域并购偏好也可以提高并购业绩，但这种作用主要体现在地方国有上市公司中，对中央国有上市公司无显著影响。④政府的适当干预可以一定程度抑制内部人控制在多元化并购中的机会主义行为。本书的最后提出了减少政府和内部人对企业并购不当干预、规范并购活动的相关建议。

本书的主要特色是将政府干预和内部人控制同时纳入多元化并购研究，扩展了已有的企业理论、财务理论关于企业并购行为研究的分析框架，对丰富政府干预理论、内部人控制理论及并购理论，完善政府对并购行为的规制，促进我国资本市场健康发展提供一定依据。

由于作者水平有限，编写时间仓促，所以书中错误和不足之处在所难免，恳请广大读者批评指正。

高燕燕

2015 年 11 月 16 日

目　录

第一章　绪　论

第一节　研究背景

Penrose 于 20 世纪 50 年代提出“多元化”概念后，西方学者围绕企业多元化展开热烈讨论，随之在欧美跨国公司掀起多元化风潮。但随后的诸多大样本研究均证明多元化存在折价（Bradley，1988），多元化并购作为企业推行多元化战略的基本手段也屡遭诟病。在两种多元化类型中，无关多元化由于新旧业务之间没有明显的战略适应性，企业承受的风险更高，通常被学术界称为多元化战略中的“陷阱”。Porter（1987）曾对美国 1950~1986 年实施多元化战略的 33 家大企业进行统计，发现失败率最高的是以混合并购方式实现无关多元化。Bergh（1997）的研究也证实，无关多元化并购公司的绩效远差于其他类型并购。正因如此，20 世纪 90 年代以来，西方企业出现了“归核化”浪潮。而在我国，上市公司多元化浪潮却一浪高过一浪，2003~2012 年 6 月我国国有上市公司多元化并购的比例一直维持在 40%左右的较高水平（见表 1-1），这其中有 48.68%的企业选择实施风险巨大的无关多元化并购战略（见表 1-2）。既然“多元化折价”现象普遍存在，为何越来越多的国有企业要进行多元化并购，甚至前赴后继地进行无关多元化并购？

表 1-1 国有上市公司并购数量统计

年份		2003	2004	2005	2006	2007	2008	2009	2010	2011	2012.6	合计
同业并购	数量（家）	108	141	149	127	82	139	105	125	158	116	1250
	比例（%）	59.67	63.23	56.23	63.82	62.60	66.51	58.66	63.78	62.70	67.84	62.31
多元化并购	数量（家）	73	82	116	72	49	70	74	71	94	55	756
	比例（%）	40.33	36.77	43.77	36.18	37.40	33.49	41.34	36.22	37.30	32.16	37.69

表 1-2 国有上市公司多元化并购类型统计

年份		2003	2004	2005	2006	2007	2008	2009	2010	2011	2012.6	合计
相关多元化并购	数量（家）	35	37	52	38	23	43	39	38	52	31	388
	比例（%）	47.95	45.12	44.83	52.78	46.94	61.43	52.70	53.52	55.32	56.36	51.32
无关多元化并购	数量（家）	38	45	64	34	26	27	35	33	42	24	368
	比例（%）	52.05	54.88	55.17	47.22	53.06	38.57	47.30	46.48	44.68	43.64	48.68

近期研究证实，公司实施多元化并购要同时受所处国家自然环境、制度环境制约，尤其新兴市场特殊的制度环境导致企业多元化呈现出鲜明制度特征。我国大部分上市公司的前身是国有企业。在改制过程中，为保持原有的公有制主体地位，这些公司大都采用国家绝对控股或相对控股的股权结构形式。改制后的这些国有上市公司虽然治理结构发生了巨大变化，但仍暴露出政府职能“缺位”、“错位”、“越位”的问题，广泛存在着较严重的政企不分问题。根据产权理论与转轨经济研究，如果政府部门下放企业经营管理权时，却缺乏对企业管理者行为的监督和有效控制，就会使得管理者为谋取个人私利而损害投资者的利益成为可能，即在国有产权为主的制度环境中，政府职能“缺位”成为“内部人控制”滋生的温床。另外，政府职能的“错位”与“越位”又会产生“政府干预”问题。如钱颖一（1995）指出，国有企业面临政府干预与内部人控制的两难选择：政府过度干预，有助于防止内部人控制，降低代理成本，但会引发政府干预成本和政府成员投入刺激不足；政府干预不足则恰恰相反。正因为我国国有控股公司的国有股东在行政上的“超强”控制和在产权上的“超弱”控制，分别导致国有上市公司呈现“政府干预”与“内部人控制”两大公司治理特征（Qian，1996；李增

泉，2002)，两者共同控制着企业的关键性资源。

无论是“政府干预”还是“内部人控制”都可以通过控制关键性资源来影响企业多元化并购决策。一方面，在新兴加转轨的市场经济环境中，虽然市场机制在发挥作用，但企业依然在较大程度上依赖非市场机制获取发展所需资源，这就使得国有企业包括并购在内的财务决策受到政策性负担和官员政治晋升目标等因素的影响。许多研究结论也证实，我国目前的并购市场确实很大程度上受到各级政府部门的干预（陈信元、黄俊，2007；方军雄，2008；肖坤龙，2012）。另一方面，公司多元化并购行为可能源于“内部人”私人收益最大化的考虑。管理者具有构建企业帝国的倾向，他们为扩大企业规模以谋求更高的工资或津贴等私利，可能滥用企业资源，引发盲目多元化并购（Jensen，1986），而且过度自信的管理者往往会高估并购收益，相信多元化能带来协同效应，导致本身不具有价值的多元化并购活动发生。

由上可见，解释我国上市公司多元化并购行为时，必须植根于制度环境，考虑政府干预和内部人控制并存的治理特征。贾良定等（2005）的研究也认为，与西方理论界强调多元化动机的交易费用论和代理理论不同的是，国内企业选择多元化战略更强调政府政策论和制度理论。

第二节　问题的提出

随着近年来多元化战略在国内企业中的广泛推行，国内关于企业多元化的理论与实证研究取得了长足的发展。但已有研究多集中在公司多元化程度与绩效之间的关系以及多元化效果影响因素方面，鲜有人从“行政干预下的内部人控制”这一特殊的制度背景出发，对多元化并购行为中政府干预和内部人控制的作用机理和后果进行系统的理论和实证研究。

鉴于目前的研究不足，本书将在遵照成熟的内外环境因素决定战略选择及动因—行为—效果的多元化战略研究范式的基础上，尝试将制度分析和制度因素纳入主流的多元化理论，立足于政府干预和内部人控制的双重制度背景，深入剖析政府与内部人对企业多元化并购的影响，为建立适合中国实际的国有上市公司并购体系提供一些借鉴。

基于以上分析，本书将研究焦点确定在政府干预、内部人控制对多元化并购行为和效果的影响这个关系上，试图回答以下四个问题：

第一，政府干预和内部人控制是否影响多元化并购的类型，资源在其中是否发挥作用？无关多元化并购因为极易引起企业价值毁损，在国外广遭诟病，但在国内却占据了国有上市多元化并购的半壁江山。这些大量涌现的无关多元化并购究竟纯粹是企业的自发行为，还是在政府干预和内部人控制下的选择，需要加以分析和检验。如果政府和内部人影响多元化并购类型，这种影响如何发挥作用，他们手中掌握的资源是否在其中扮演了中介角色？由此可以结合我国制度因素实证检验资源观对国有企业多元化行为的解释力。

第二，政府干预和内部人控制是否影响国有上市公司的多元化并购偏好？并购偏好是企业在不同并购动因驱动下的行为选择结果。国有上市公司的多元化并购表现出行业、关联交易和同区域三大偏好。既然政府和内部人都有动机干预多元化并购，这些偏好的发生是否受它们影响、体现了它们的不同目标，需要经验数据加以验证。

第三，政府干预和内部人控制双重制度背景下企业多元化并购的长、短期经济后果如何？拟通过事件研究法检验政府干预和内部人控制程度对多元化并购短期市场业绩的影响，通过会计指标研究法检验对并购长期财务业绩的影响，从不同角度验证国有上市公司多元化并购是否存在“多元化折价”及其影响因素。

第四，在政府干预和内部人控制并存的制度背景下，如何针对提高国有上市公司的并购效率提出相应政策建议？

第三节 研究意义

一、理论意义

首先，企业并购活动同时受企业目标、利益、刺激和约束等内部因素以及供求状况、市场条件、法令法规等外部因素的共同影响和制约。企业资源和内部人是引发多元化行为的重要内部因素，而政府干预属于多元化并购的外部因素。本书基于“行政干预下的内部人控制”这一客观事实，深入剖析政府与内部人、企业资源和多元化并购几者之间的关系，这既贴近现实，使得研究结论更加可靠，同时，也拓展了已有企业理论、财务理论关于企业并购行为研究的分析框架。

其次，本书同时以公司财务理论、政府规制经济学、制度经济学、产业组织理论等为理论依据，在学科交叉的基础上，从政府干预与内部人控制的现实背景入手，研究政府与内部人影响多元化并购的动机、路径以及特征，进而从短期市场反应、长期财务业绩方面，考查政府与内部人影响下多元化并购的经济后果。从已有文献看，从政府干预角度研究并购的文献还不多见，而从政府干预与内部人控制双重视角入手的研究更少。在学科交叉的基础上进行研究更有可能获得创新性的发现，对丰富行为公司财务关于企业并购的相关理论具有一定的理论意义。

二、实践意义

首先，政府职能的“错位”与“越位”使得从政府干预角度研究企业并购问题尤为重要，本书将比较系统地揭示在中国特定的制度背景下，政府如何通过其掌控的资源对企业的多元化并购行为和效果产生影响，从而为完善政府对并购行为的规制，促进我国资本市场健康发展提供一定借鉴意义。

其次，对“内部人控制”问题尤其严重的我国企业来说，深入研究管理者出于自身利益考虑对企业多元化并购决策的作用机理，能够为企业采取有效手段约束管理者行为提供一定的参考依据，为管理者认识自身行为可能导致的经济后果，并在决策过程中约束和避免不良后果提供一定的现实证据。同时，也为我们更好地理解现实中的公司行为具有一定的启示意义。

第四节　相关概念界定

一、多元化与多元化并购

由企业发展历程可知，最早的企业往往生产单一产品或执行单一经济功能，随着技术和市场的发展，企业逐渐从生产唯一产品扩大到生产同系列多种产品，后又生产不同系列的多种产品，现代多运营单位的企业开始出现、成长和成熟。这种被称为“企业多元化”的现象自 20 世纪三四十年代开始，受到社会广泛关注，被经济学和管理学领域的学者从不同视角加以界定。

Penrose 较早地从多元化行为的角度，理论分析企业多元化现象。她提出多元化包括企业生产基地（Production Base）数目的扩充、最终产品种类的增加和纵向一体化程度的提高。另有一些学者从多元化状态角度对之加以分析，Gort（1962）认为，区分多元化的基本条件是生产要素和产品之间的市场需求是否可以快速转换，将多元化理解为基于不同市场的企业产品的异质性。与 Gort 不同，Berry（1975）、Kamien 和 Schwartz（1975）从产业组织理论角度，按产品行业归属界定和度量多元化。Berry 以企业包含的行业数目增加来简单定义多元化。Kamien 等提出多元化程度就是处于特定行业内的企业生产其他行业产品的程度。企业所包含的行业数根据统一的 SIC 编码很容易确定，所以他们提出的多元化概念虽简单，但实证研究的应用性较强。20 世纪 80 年代后针对多元化定义的争论渐渐平息，到了 90 年代，西方学者们就多元化概念已经基本达成一致——多元化就是特定企业所生产的产品种类的多样化。

我国学者康荣平（1999）认为，理解多元化的要点是对相关行业和市场的界定，他认为多元化经营是企业在多个行业内进行生产经营，并且面向不同市场提供不同产品。尹义省（1999）定义多元化是企业的服务或产品跨行业的成长方式或经营行为。其中企业进入其他行业称为动态多元化，强调的是一种成长方式；经营业务分布于多个行业的状态，称为静态多元化，强调的是经营行为。

考虑到实证研究中较难收集企业产品种类的信息，而获取行业信息相对容易，本书沿用国内外实证研究中常用的多元化定义，即多元化是企业的服务或产品跨行业的成长方式或经营行为。多元化并购就是企业通过兼并、收购方式实现跨行业经营，跨行业特征是识别企业实施多元化并购的基本要素。

二、政府

广义政府泛指所有行使国家权力的机关，包括行政、立法和司法机关；狭义政府仅指国家行政机关。本书采用广义政府概念，书中提及的政府包括中央政府和地方政府两个层面，两者的共同点是都属于国家权力机关的组成部分，目标和行为具有许多一致性。两者的区别是在国家权力机关系统中的职权、地位不同而导致管辖范围存在差异：中央政府管辖全国事务，其管辖范围涉及全部国土；地方政府管辖地方事务，其管辖范围仅涉及国家按行政管理划分的各级区域或地方。在探讨中央政府和地方政府的特别行为时，会对两者加以区分，如无特别区分则泛指包括中央和地方在内的各级政府。

三、政府干预

西方学者多从政府规制视角理解政府对企业的干预。规制（Regulation）是指运用法律、法规、政策、制度等予以控制和制约。经济学认为，政府规制是指政府采取各种行为以控制企业的生产、经营决策或商品价格，涵盖政府为控制或改变企业的经营活动而颁布的规章和法律，是政府经济职能的组成部分。余晖（1997）提出了较完整的政府规制概念："政府行政机构，以治理市场失灵为己任，以法律为根据，以大量颁布法律、法规、规章、命令及裁决为手段，对微观经济主体的不完全公正的市场交易行为进行直接的控制或干预。"在中国，这一政府规制定义无法完全涵盖政府对企业的干预。政府凭借国有企业所有者和管理者的双重身份，对企业的干预除规制内容外，还带有产业保护、产业结构调整及宏观经济发展等宏观调控目的和解决失业问题、维护地区稳定等微观目的。

考虑到多元化并购发生的特殊体制背景和本书的研究目的，本书界定的政府干预是指政府以行政手段代替市场进行资源配置，即政府在多元化并购中履行经济所有者职能的一种行为。这种干预主要通过直接管理和间接调控两种方式以及行政管制、经济调节、法律约束三种手段进行。政府生产、管制和财政属于市场机制下的政府直接管理；收入转移和产业政策等属于政府间接调控。

四、内部人

现代公司的特征是两权分离，资本所有者并不直接参与企业管理，企业的生产经营控制权由管理者所拥有，并且管理者需要"讨好"、"屈从"于职工或与职工合谋，从而得到职工的公开支持或默许。因此，青木昌彦认为在企业出现内部人控制时，管理者往往是与职工合谋来追求自身效用最大化的，内部人就是"国有企业的管理者或工人"。此后大部分国内学者也把管理者和职工都纳入了"内部人"的范畴（员玉玲、席酉民，1996；吴淑琨、席酉民，2000）。

另有一些学者不赞同把管理者和职工共同界定为"内部人"（张铭、柳新元，2002）。他们认为，管理者对企业的控制权取决于政府主管部门，并不由职工决定，职工代表大会很难对管理者控制权的大小施加影响。职工工资的增长是国家纠正原先扭曲的分配机制和效率工资所引起，而不是管理者和职工合谋侵蚀国家利润的结果。他们据此认为：国有企业的"内部人"仅指管理者，而不应包括职工。

还有学者对“内部人”作为科学的概念和称谓持否定态度（潘石，1998）。他们认为，两权分离时，所有者（股东）虽一般不直接插手企业生产经营活动，但作为资产所有者，企业经营状况与他们紧密相关。而且所有者有权通过董事会、股东大会等机构干预企业重大经营决策。据此他们认为把股东视为企业“外部人”与现实不相符。

本书认为，任何概念的界定都应服从于相应研究目的。在国有上市公司中包括并购在内很多关于公司重大问题的决策都是由董事会做出的，管理者也是由董事会提名并任命的，而且我国国有上市公司中董事和高级管理人员相互兼职现象非常严重，事实上董事不仅拥有公司重大事项的决策权，而且可以直接介入生产经营活动。董事会缺失一部分应有作用，造成公司监督机制存在缺陷，对管理者的有效监督与制约不足。于是，公司内部董事也成为拥有实际控制权的内部人，他们和高管一起违背和侵犯股东的意志、利益，成为内部人控制的典型特征。现实中揭露的国有企业内部人控制问题的案例也证实了这一点。因此，为了更有重点地考察国有企业多元化并购与内部人控制的关系，本书的“内部人”特指国有企业的内部董事和高管，他们有更多的权力和机会控制企业的投资活动。

五、内部人控制

青木昌彦（1996）首次提出“内部人控制”的概念：“在私有化的场合，多数或相当大量的股权为内部人持有，在企业仍为国有的场合，在企业的重大战略决策中，内部人的利益得到有力的强调。”依据这个定义，内部人控制包括两方面：一是在国有企业私有化过程中出现内部人获取更多股权的情况；二是企业保持国有性质不变的前提下，内部人的利益得到有力的强调。

管理者取代资本所有者控制了企业的具体经营活动，获得相应的控制权，这是两权分离的结果，也是企业经营的需要。当激励约束不到位时，委托—代理理论所称的“代理问题”就会出现。所以经济转轨背景下国有企业出现管理者获取企业的实际控制权即“内部人控制”现象的出现具有必然性。但是，转轨过程中我国国有企业中出现的内部人控制与英美国家股权分散导致的内部人控制有根本性的不同。现阶段，国有企业董事长由政府任命，总经理又由董事长任命，董事在管理层任职现象普遍，使得“一股独大”的情况下，管理层完全代表控股股东（大股东）的利益，产生内部人控制的原因在于国家股的存在以及所有者缺位的问题无法解决，而并不是因股权分散造成的，其问题在于委托人而非代理人。此时，国有股权越集中，企业内部人控制的程度就越高，出现与英美国家内部人控制有本质区别的“转轨中的内部人控制”特殊现象（Qian，1996）。

进一步考虑董事长的来源与地位就会发现，国有股“一股独大”现象普遍存在，董事长作为第一大股东的代表在公司中担任重要职务，他们往往会借助手中权力将相关董事安插进管理层，从而牢牢控制整个企业。纵观上市公司治理特点不难看出，在很多公司中，董事长肩负大股东发言人和内部人代表的双重责任，拥有的权力相当大。形成以董事长、总经理领衔的内部人控制企业格局。因此，为了更有针对性地分析内部人对企业多元化并购的影响，本书所论述的内部人控制及内部人控制问题是指经济转轨过程中，国有企业的内部董事和管理者拥有相当大的控制权，他们通过控制企业更多资源从而获取个人利益。

六、企业资源

资源是企业多元化并购的基础，企业的并购过程也是资源聚合的过程。企业能够全部或部分利用、能为消费者创造价值的要素集合就被称为企业资源。它涵盖了企业所拥有的各种资源要素，以及企业不拥有产权，但能通过付费、契约或其他方式部分取得或暂时取得使用权的公共资源或“合作”组织的资源。企业资源的形式多种多样，实物、财务、技术、品牌、市场、信息、文化、关系以及管理等都属于企业资源的范畴。Wernerfelt 和 Chatterjee（1991）依据资源弹性特征对公司关键或战略性的资源进行了较好的分类和识别。他们将公司资源分成实物资源、财务资源和无形资源三类。本书界定的企业资源将沿用 Wernerfelt 和 Chatterjee（1991）的定义。

实物资源。主要包括企业的土地、厂房、生产设备、原材料等在使用过程中具有物质形态的资源。传统工业中，实物资源是衡量企业实力的重要标志，在企业资源系统中发挥着举足轻重的作用。

财务资源。已经发生的、会计能记录在账、用货币计量的各种经济资源，如资金、债权以及其他权利，是企业物质和非物质要素的货币体现，财务资源作为企业业务能力的经济基础，构成其他资源形成、发展的基础条件。

无形资源。涵盖技术资源、品牌资源、市场资源、信息资源、文化资源、管理资源等。无形资源虽看似无形，给企业带来的优势却是无可比拟的，是支撑企业发展的基础。

第五节 技术路线与研究方法

本书采用规范分析与实证研究相结合的研究方法。首先，采用规范分析方法对资源观、政府干预理论和内部人控制理论的相关文献进行分析，结合中国制度背景，将它们融合形成一个解释公司多元化并购的理论框架。其次，以中国上市公司为样本进行实证研究。即在大样本基础上，通过模型的设立和拟合，利用统计方法进行的分析。运用大样本实证分析，有助于发现政府干预、内部人控制与企业资源、企业多元化行为及其效果之间关系的一般规律。根据不同的研究内容所用的实证研究方法有所差异，本书将遵循“假说提出→研究设计→实证检验→结果分析”研究路径，综合采用描述性统计、参数检验、中介效应检验、结构方程模型、多元线性回归、Logistic 回归、因子分析、事件研究等方法对研究内容进行实证分析。

全书的结构安排如下：

第一章是绪论，依据现实背景提出本书的研究目的、研究意义、研究思路和研究方法。

第二章是文献综述，从多元化动因和经济后果、政府干预、内部人控制三方面对国内外相关文献加以梳理。

第三章总结政府干预、内部人控制影响多元化并购的理论基础和制度背景，在此基础上提出本书的分析框架。

第四章是政府干预、内部人控制影响多元化并购类型的研究，在理论分析基础上形成研究假设，对样本进行描述性统计，并通过中介效应检验验证研究假设。

第五章是政府干预、内部人控制影响多元化并购偏好的研究，在理论分析的基础上实证检验政府干预、内部人控制对多元化并购的行业偏好、关联交易偏好、同区域偏好的影响。

第六章是政府干预、内部人控制与多元化并购经济后果的理论与实证分析，分别从短期市场反应和长期财务业绩变化角度验证政府干预、内部人控制、并购类型、并购偏好对企业多元化并购绩效的影响。

第七章对本书的研究结果进行回顾和总结，得出主要的研究结论，并根据结论给出相关政策建议。最后指出本书的局限性及值得进一步研究的问题。

全书的技术路线如图 1-1 所示。

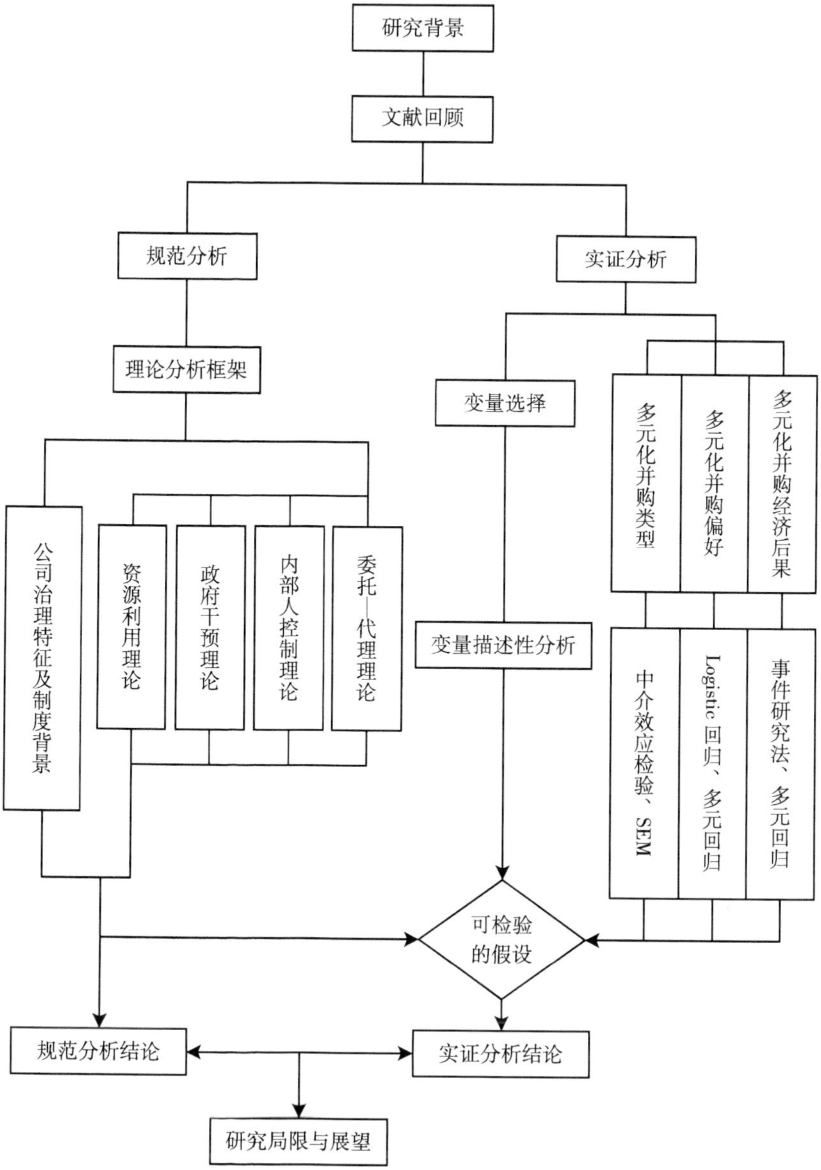
研究背景
文献回顾
规范分析
实证分析
理论分析框架
变量选择
多元化并购类型
多元化并购偏好
多元化并购经济后果
公司治理特征及制度背景
资源利用理论
政府干预理论
内部人控制理论
委托—代理理论
变量描述性分析
中介效应检验、SEM
Logistic 回归、多元回归
事件研究法、多元回归
可检验的假设
规范分析结论
实证分析结论
研究局限与展望

图 1-1 技术路线

第二章　文献综述

第一节　多元化相关研究

现有的企业多元化研究文献可以大致分为两部分：一部分从理论角度分析了企业多元化的动因；另一部分则从实证角度研究多元化对企业经营绩效的影响以及对不同的企业多元化动机理论进行检验。

一、多元化的动因

1. 利用剩余资源

资源利用理论认为企业多元化的动机在于对尚未充分利用的资源更有效地利用。该理论最早由 Penrose 在 1959 年提出，后来 Teece（1980、1982）、Lippman（1988）及 Matasusaka（2001）等又对 Penrose 的分析进行了补充和完善。

Penrose 从企业增长角度考察企业多元化，认为多元化是企业增长过程中的正常现象，外部的竞争压力和内部没有得到充分利用的资源是企业多元化的必要条件。只要多元化能够有效地利用现有的资源，企业就有动力进行多元化；反过来，在企业多元化扩张的过程中，又会产生新的没有得到充分利用的资源，为下一步扩张提供空间。比如，企业在经营中会获得一些并购其他企业的比较优势，那么企业就可以通过并购活动利用该优势。在此过程中，如果目标企业生产的产品与该企业不同，那么企业就提高了多元化程度。还有，企业在其原有产品的营销上投资会使企业拥有一种类似于商誉的具有通用性的无形资产。通过生产销售其他种类的产品，企业可以更充分地利用这种资源来获取超额利润。

Teece（1980、1982）对 Penrose 的理论进行了补充。他认为，虽然在完全有效的市场中企业多余的资源可以通过市场转让，但在有些情况下，尤其是涉及知识、技术等无形资产时，就会遇到市场失灵，此时多元化就成为企业发展的必然途径。同时，Lippman 和 Montgomery（1988）进一步指出，那些导致企业内部的资源难以在企业之间转让的因素同样也会提高竞争者的模仿成本，从而为拥有特定资源的企业提供一种竞争优势，使企业获取超额利润。此外，Montgomery（1997）的分析认为，企业的资源具有不同的专用性。那些专用性强的资源，比如生物技术，只能被用于少数几个行业，但能够获得比较高的边际收益；相反，尽管那些专用性较低的资源适用的行业比较多，却只能获得较低的边际收益。不同企业拥有的资源的专用性不同，因此，它们的多元化模式和最优的多元化水平也有所差别。对于那些拥有专用性低的资源的企业来说，要达到利润最大化，必须通过高的多元化水平。Matasusaka（2001）进一步扩展了企业内部资源的范围，认为企业所拥有的组织能力也是一种资源，可以适用于多种产品的生产，多元化就是企业寻求与其组织能力最匹配的产品生产活动的试错过程。

2. 获取市场势力

Edward（1955）分析联合企业时指出，与传统的生产单一种类产品的企业不同，多元化企业在经营决策时不会把各个产品的市场孤立对待，它们在某个特定市场的势力不仅由该企业在该市场中的相对地位决定，而且与该企业的生产范围及其在其他产品市场的地位有关。在 Edward 的分析基础上，后来的学者提出联合企业获取“联合企业势力”的两个主要途径。首先，横向补贴（Cross Subsidization），即多元化企业可以将从一个产品市场获取的利润来补贴和支持另一个产品市场的掠夺性定价。其次，共同克制（Mutual Forbearance），在多个产品市场有竞争关系的多元化企业会意识到它们之间的共生关系，从而故意减弱在这些产品市场的竞争程度，形成某种程度上的“合谋”；并且，这些企业之间还可以通过“互惠交换”获利。Feinberg（1985）、Berger 和 Ofek（1995）分别验证了“共同克制假说”和“横向补贴假说”。但是，Whited（2001）对证实“横向补贴假说”的实证研究提出质疑，认为它们在指标度量上存在问题；Chevalier（1999）则通过分析指出，一般认为的企业并购后的部门间的横向补贴问题其实在并购之前就存在了。

3. 建立内部资本市场

内部资本市场理论认为多元化企业所产生的现金流更为稳定，可以有效地为该企业的内部资本市场提供资金，从而提高企业价值。Stein（1997）将这个观点模型化，认为在存在资源约束条件下，与银行相比，经理人可以通过内部资本市场自主地将资金配置到更有效率的部门，从而提高企业价值。Hadlock、Ryngaert 和 Thomas（2001）对 1983~1994 年 641 起季节性新股发行事件的经验研究表明，新股发行公告的超额收益都是负值，但是市场对多元化企业新股发行公告的反应要明显优于非多元化企业。这个结果表明，与非多元化企业相比，多元化企业投资效率应该更好一些，从侧面验证了多元化企业的“内部资本市场效率假说”。

4. 规避市场风险

Lewellen（1971）提到一种观点，认为企业进行多元化并购的目的是为了分散企业资产，规避市场风险。Lewellen 指出，只要两个企业的预期收益完全正相关，对于某企业的投资者而言，合并后的企业将为其提供一个更为稳定的收入流；但是这并不意味着这就是企业多元化的收益，因为，不必一定要企业多元化，通过同时持有这两个企业的股票，投资者也可以轻松达到同样的效果。即使如此，资产组合仍然有可能成为企业多元化的动机。企业的首要目标是生存，其次才是增长，而多元化并购可以实现资产分散，增加企业的生存概率。实证方面，May（1995）对 1979~1990 年发生比较大并购事件的企业进行了考察。研究发现，企业股票收益的方差与企业的多元化水平之间存在负相关关系，从而验证了“资产组合假说”。

5. 管理者追求私人利益

建立在市场和公司治理机制不完备假设基础上的代理理论，其核心观点认为：由于公司治理机制的不完备，管理者或控股股东为牟取私利，利用手中的控制权实行有损于公司绩效和价值的多元化扩张行为，即多元化扩张成为管理者或控股股东牟取私利的手段。那么管理者或控股股东如何通过多元化牟取私利呢？对于管理者而言，他们进行多元化扩张的动机在于“做大”公司，进而获得更高的声誉、权力和薪酬，使公司对管理者的依赖性增加，提高管理者的价值（Morck、Shleifer 和 Vishny，1990），减少管理者非分散化人力资本的风险（Amihud 和 Lev，1981）。Aggarwal 和 Samwick（2003）对 1993~1995 年财富 500 强等大企业的实证研究发现，那些经理通过多元化能获得更多私人利益的企业多元化程度更高，同时他们得到的激励水平也更高，从而证实了“经理人私人收益假说”。Rose 和 Shepard（1997）的实证研究也发现，总体而言，与非多元化企业相比，多元化企业经理人收益更高。

除以上总结的动机外，企业还可能出于提高总体负债能力（Lewellen，1971；Li 和 Li，1996）、节约税收（Berger 和 Ofek；1995）、防御（Weston 和 Mansinghka；1971）或收购比自身市盈率低的企业而提高每股盈利（Whited，2001；Melicher 和 Rush，1973）等目的实施多元化。

二、多元化的经济后果

以上有关企业多元化动机的研究对于“企业多元化如何影响经营绩效”这个问题的答案也不尽相同。尽管市场势力理论认为企业多元化会改变传统的竞争模式，损害社会整体福利。但显然，市场势力理论和资源利用理论都认为多元化并不违背企业利润最大化的目标，因此，企业多元化可以改善经营绩效。内部资本市场理论认为通过多元化企业可以创造一个比外部资本市场更有效率的内部资本市场，从而改进企业的资源配置效率，改进企业经营绩效。同样，根据防御性观点、负债能力理论和税收节约观点对企业多元化动机的分析，企业多元化也可以改善经营绩效。每股盈利和资产组合观点的分析认为，企业多元化应该不会对经营绩效产生影响。但是，委托—代理理论认为企业多元化是在信息不对称条件下，由经理人追求私人利益的道德风险行为引起的，因此，企业多元化必然损害企业经营绩效，损害企业价值和投资者的利益。

多元化经营的经济后果一直是学术界和实务界讨论的焦点，从根本上说，有关企业多元化经营经济后果的实证研究目的是为了验证不同的企业多元化理论，有关于此的争议也最大，结论可以归结为以下三种：一种认为，多元化可以帮助上市公司提高抵御外部风险的能力，化解竞争威胁并实现资源共享，同时还能利用内部资本市场优化资源配置，从而突破外部资本市场融资约束的“瓶颈”，为企业创造更多的价值（Grant，1988；Villalonga，2000；Wernerfelt 和 Montgomery，1988）；另一种认为，多元化会造成上市公司的内部资源分散、组织管理困难、协调能力下降以及竞争优势减小，通过内部资本市场配置有限的资金容易引起项目过度投资或投资不足，从而降低投资效率并增加经营风险，破坏企业价值（Wulf，1998；Lamont，2000；洪道麟、刘力等，2006）；还有一种认为，多元化作为一项经营战略和管理方式，本身没有优劣之分，如果上市公司具有成熟的内部条件和外部环境，多元化并购就能成功，否则就会失败（Fauver，2004）。

也有学者实证检验了多元化并购的经济后果。这其中大部分学者认为，多元化并购从短期来看有一定的并购效益，但长期绩效为负。Aggarwal 等（2003）发现多元化并购产生负的超额收益，并且多发生在并购之后五年左右。冯根福、吴林江（2001）发现多元化并购在短期可以为企业带来一定的效益，横向并购在长期相对于短期而言，其优势明显，绩效呈较为稳定的上升趋势。李善民等（2006）检验了多元化并购长期绩效影响因素，一般有政府关联程度、公司管理能力、股权结构管理资源等，并通过实证发现多元化并购并不能为公司股东带来收益，甚至会使其产生损失。洪道麟和熊德华（2006）发现，多元化并购有时不会为收购方带来正的长期绩效，会为其带去损失。韩忠雪、程蕾（2011）考察了多元化并购与同业并购公司的短期和长期市场回报、股权性质和股权比例之间的特征差异。结果显示：短期来看，多元化并购比同业并购的市场累积超额收益率更高；长期来看，市场年度回报率更差。盛明泉、张春强（2011）研究表明，我国企业发展与创造能力较弱，限制了企业在多元化并购后处理新的行业与发展问题，因而短期并购绩效会不断呈下跌趋势，但是，也可以通过各种方式提升并购绩效，主要有资源有效的分配、协同结构组织整合、分散企业的风险等。

第二节　政府干预相关研究

国外学者对政府干预的研究主要集中在政府干预与政府行为、政治关联、企业产权配置等方面（Shleifer 和 Vishny，1994；Megginson 和 Netter，2001；Djankov 和 Murrell，2002），直接研究政府干预与公司多元化行为的文献尚不多见，国内仅有的几篇一致认为政府干预与企业多元化显著相关。贾良定等（2005）首先发现我国的高管在实施多元化战略时会强调政策和制度因素；陈信元和黄俊（2007）证实政府直接控股的上市公司更倾向于多元化经营，而且多元化程度与政府干预经济的程度正相关。政府干预多元化经营，主要是为了实现政治目标和履行社会职能。蔡地、万迪昉（2009）发现具有政治关联的民营企业家倾向于采用多元化战略。进一步检验企业家具有政治关联的民营企业发现，当地的政府干预越严重，企业多元化经营的可能性越大。章卫东、周冬华、张洪辉（2013）也验证了地方政府会干预国有上市公司，引发国有上市公司的过度投资行为，过度投资会显著导致公司多元化趋势。马忠、刘宇（2010）进一步发现企业相关多元化受政府干预的影响比无关多元化更显著。说明国有上市公司固然在获得政府资源方面有便利性，但这些公司往往处于垄断或进入壁垒较高的行业，为保持固有优势，它们倾向于通过相关多元化进一步巩固主业（李善民、周小春，2007）。与上述学者不同的是，李强、刘善敏（2007）的实证研究表明，地区的市场化进程与企业多元化战略呈现正向关系，市场化程度越低的地区地方政府干预强度越大，企业的多元化程度越低。进一步区分多元化类型后发现，政府干预对相关多元化战略没有显著影响，对无关多元化程度具有显著降低作用。

除多元化外，更多的国内学者结合中国的制度背景针对政府干预与企业并购行为进行理论和实证研究。郭海星、万迪昉（2010）通过构建企业收购与反收购模型，考察了管理者控制权私人收益对并购动机的影响，结果发现如果政府干预补偿了管理者的控制权私人收益，则管理者更有动机进行反收购；如果政府干预降低了控制权私人收益，则管理者没有反收购动机。实证方面，周黎安（2004）认为，我国 20 世纪 80 年代初开始的经济体制改革，其中的财政分权管理和以 GDP 为核心的政绩考核及晋升机制，给予地方政府发展本地经济和维护地区社会稳定的强大动力。为了“肥水不流外人田”，政府极力将本地资源汇集到其控制的企业中，同时，政府直接拥有的控制权也使得当地国有企业更便利于接受其做出的并购安排（王永钦等，2007）。而财政自主权、经济管理权下放使政府需要承担辖区内的就业、稳定等社会责任，这使得政府有能力也有动力干预本地企业的并购活动，以尽可能地提高就业率、维持社会稳定（潘红波、夏新平、余明桂，2008）。一方面，对于本地优质企业，政府更愿意它们被自己控制的上市公司并购以增强其实力，而不愿它们被外地上市公司并购，即伸出政府的“援助之手”；另一方面，对于本地问题企业，政府只能驱使自己控制的上市公司实施并购，而难以让外地上市公司就范，即伸出其“掠夺之手”。由此，国有控股企业将更容易通过并购，建立大型企业集团（陈信元、黄俊，2007）。而且，其直接控制企业边界的扩张，也有益于官员个人利益。但是政府干预企业并购的动机和能力会随着对手的变化而不同。最终控制人为中央政府的企业，不仅可以利用其背景的权威突破地方政府的干预，而且其提高地方政府影响力的潜在作用使它更容易获得地方政府的青睐，顺利实现异地并购。潘红波、夏新平、余明桂（2008）发现，地方政府干预难以对中央政府控制的国有企业并购效果产生影响。方军雄（2008）发现，最终控制人为地方政府的企业更多在本地实施非相关并购，而最终控制人为中央政府的企业更多实施跨地区并购。

Krueger（1974）最先对政府资源分配过程中的寻租行为进行了研究，指出政府对资源的垄断是寻租行为产生的根源。关于实物资源，Djankov（2002）发现在资本要素相对稀缺的大多数转型经济国家，政府对国有企业固定资产投资的干预动机相当强烈。这些国有企业普遍具有更高的固定资产投资规模；而总资产中较高的固定资产比重，很大程度上源于企业扩张动机对公共设施建设、城市发展与地区资源开发等政府目标的迎合。国内学者郝颖、刘星（2011）和孙自愿、卫慧芳（2013）的实证结论也证实当前财政分权管理制度和以GDP为核心的绩效考核体系，引发地方政府对重点扶持行业的物质资源配置加以倾斜的强烈动机。关于无形资源，国内众多学者研究了政府干预对企业研发投入的影响，陈信元和陈冬华（2005）、李丹蒙和夏立军（2008）、郝颖和刘星（2011）都发现受政府干预程度较高的企业，由于要兼顾政府转嫁过来的社会目标和政治目标，削减了企业对研发投入的动力，进而影响了企业无形资源的富裕度。马忠、刘宇（2010）除证实国有上市公司不愿投入研发资金外，还发现由于政府在市场竞争方面的保护，国有上市公司没有足够动力去提升营销能力，由此得出结论：多元化经营的公司中，政府干预与无形资源呈负相关关系。但孙自愿、卫慧芳（2013）发现政府干预对国有战略性产业相关并购公司的无形资源产生正向影响，认为这可能源于战略新兴产业或支柱产业为了创建并保持竞争优势和获得各种优惠资格。关于财务资源，Johnson 和 Mitton（2003）、Cull 和 Xu（2005）、孙铮和李增泉（2006）、方军雄（2007）发现，政府对部分资源配置的垄断权使得国有企业在获取政府补助和银行贷款方面比私有企业更具便利性，并且债务期限更长。此外，政府为了竞争资源，也会在其控制的企业从证券市场获取低成本财务资源时提供支持（马忠、刘宇，2010），导致企业财务资源进一步增加。也有学者发现政府干预对国有战略性产业相关并购公司的财务资源影响显著为负，认为这可能是因为融资活动所需财务资源在公司总体资源中所占比重较少（孙自愿、卫慧芳，2013）。

第三节 内部人控制相关研究

大量文献表明多元化经营是内部人以牺牲所有者利益为代价而追逐个人利益最大化的结果。Jensen（1986）提出过度现金流理论，认为公司的自由现金流较多时，内部人为防止减少控制资金数量而降低他们的诸多专有控制权，很可能进行一些低收益甚或价值贬损的多元化投资，而不愿意将这些资产反馈给股东。Shleifer 和 Vishny（1990）提出“堑壕效应”假说，认为内部人促成企业多元化经营可能为了获得更好的职业保障。当他们认为自己的职位受威胁时，常常会利用多元化扩张的方式取得更多的专有投资技能，以便提升自己的人力资本期权和大幅度抬高个人被替换的成本。Gibbons 和 Murphy（1992）进一步认为，企业施行多元化可以在保障内部人现实工作的同时增加其对未来职业生涯的预期。还有学者认为，多元化可以给内部人提供更多的货币收益但却拥有较低的报酬业绩敏感性，而且能使其提高职业声望、权力和获得其他相关收益。因此，一些研究指出多元化战略是代理成本的表现，即经理层谋取自身利益最大化而不是股东价值最大化目标的结果。国内外学者依据上述理论进行了经验研究。Denis（1997）发现外部人持股能够有效阻止公司多元化。对这一结果的解释是，大股东在公司治理中发挥积极监督作用，可以限制管理者为个人私利而提高企业多元化水平的能力。程立（2004）发现对上市公司行为监督不力时，流通股比例高的企业会出现严重的内部人控制问题，管理自由度的提高会增加内部人多元化经营的动机，并降低企业财务业绩。刘菁（2009）也证实股权集中度对企业的多元化程度具有显著负面影响，这可能因为股权集中度高的企业大股东有动机也有可能监督管理者的行为，有效地抑制了公司多元化程度。

关于现有内部人对公司并购影响的研究主要沿着代理理论（Jensen 和 Meckling，1976）和“自大”（Hubris）假说（Roll，1986）两条脉络，分别从理性管理者的道德风险行为视角及非理性管理者的过度自信心理偏差探讨公司并购的动因及并购毁损主并公司股东价值的现象。

关于内部人代理问题与企业并购，Jensen 和 Meckling（1976）指出，股东与内部人之间的代理冲突产生于内部人只拥有企业剩余索取权或部分股权时，这种冲突表现为内部人工作“偷懒”或追求过度在职消费，而并购是缓解这种代理冲突的市场手段。但更多学者认为并购是代理冲突的表现，这有助于人们从代理问题的视角探讨公司并购行为动因及并购毁损主并公司股东价值的现象，人们已经从企业帝国、管理防御与控制权私利等方面进行了内部人视角的相关并购研究。Jensen（1986）提出并购的自由现金流理论，指出自由现金流的代理成本是并购价值毁损的根源。Shleifer 和 Vishny（1989）提出管理防御理论，认为内部人出于保护职位的目的会倾向于投资一些适合自身技能的项目，并且并购过程中支付的溢价过高可能导致企业价值毁灭。另外，内部人还可能为了多元化个人投资以分散自身风险（Morck 等，2000）或为了增加个人薪酬等私有收益而发动并购（Harford 和 Li，2007；李善民、毛雅娟、赵晶晶，2010）。

虽然代理理论为解释企业并购的动因和并购破坏价值现象搭建了一个严密的分析框架，然而对于公司并购为什么发生，为什么毁损主并公司股东价值，在过去 20 多年里行为金融在这一问题上的解释已经被推上了风口浪尖。继 Roll（1986）首次提出并购的“自大”假说之后，Hayward 和 Hambrick（2004）证实，主并公司支付了过高的溢价源于 CEO 的过度自信，且 CEO 过度自信程度与主并公司价值毁损程度正相关。Shefrin（2006）指出“过度自信和过度乐观的管理者热衷于发起公司并购事件，即使市场并不看好这些并购”。Malmendier（2008）认为，过度自信的 CEO 高估自身能力而在并购中支付了较高的溢价，由此造成的股东财富损失在进行多元化并购和内部资本充足的公司中尤其突出。

相对而言，我国学者对公司并购行为学解释的研究起步较晚，基本结论与上述国外文献差异不大。例如，郝颖、刘星和林朝南（2005）发现内部人的过度自信偏差在实施股权激励的上市公司中较明显，而过度自信水平分别与投资水平和投资—现金流敏感性都呈现正相关关系，并且认为在我国制度环境下过度自信的内部人在公司投资决策中更可能引发低效率的过度投资行为；傅强和方文俊（2008）实证检验发现内部人过度自信是并购的主要动因之一；另外，吴超鹏、吴世农和郑方镳（2008）对我国的连续并购展开实证研究，发现内部人会因首次并购成功而产生过度自信偏差，但内部人过度自信效应和学习效应的综合效果才是决定连续并购效果的重要因素。与上述结果不同的是，姜付秀、张敏、陆正飞和陈才东（2009）实证研究结果表明内部人过度自信与公司并购之间并无显著关联。可见，目前国内学术界对公司并购的行为学解释尚无统一结论。

关于内部人控制对企业资源影响的研究目前仍较有限。无形资源方面，Balkin 和 Markman 等（2000）的研究发现不确定性和随机性较高时，内部人更容易控制研发支出和无形资产投资，这对他们不仅意味着资源控制层面的私有收益，还有可能带来奖励和报酬提高等收益。张长征、赵西萍（2006）通过构建投入决策模型也发现，内部人控制水平的不同对企业研发投入决策结果将产生显著影响。他们的实证结论是内部人自主权越大的企业，启动研发活动的概率越低，且研发投入水平越低。这可能是由于经理人出于个人效用最大化的考虑，他们在制定和执行企业研发决策时，对待风险和收益的态度将会直接影响企业的研发支出（步方，2011）。财务资源方面，王乔和章卫东（2005）、肖作平（2008）发现，内部人为追求自身利益最大化有强烈的动力去选择实施股权融资，使他们在利用这些增量现金流量扩大手中资源和寻租范围的同时不会丧失实际控制权。Shleifer 和 Vishny（1989）认为内部人倾向于增加公司的自由现金流用以构建“商业帝国”。他们把对自由现金流的控制权作为获取自身利益的一种手段，愿意保留现金而不分配股利或偿还债务，是因为现金储备可以提高他们在资本市场上的自主性（王燕妮、李爽，2013）。杨蓉和李红艳（2013）总结内部人会基于拒绝投资风险、扩大企业规模、规避资本市场监管以及在职消费等牟取自身私利的动机而持有现金。内部人控制权与无形资产、固定资产和长期股权投资显著正相关，内部人的投资重点依次是固定资产、长期股权和无形资产。

第四节 文献评述

伴随着多元化并购的广泛开展，相关研究也多如牛毛。西方学者对多元化动因的解释已形成资源利用理论、委托—代理理论、市场势力理论、资产组合理论、内部资本市场理论等一系列完整体系，其中资源理论已然成为解释企业多元化行为最重要的视角。新兴市场特殊的制度环境使我国企业的资源被政府和内部人分别从企业外部和内部掌控，不管是政府还是内部人都有能力和动机通过干预企业的多元化经营将自身目标加诸企业之上，这就使得我国国有企业的多元化经营呈现明显的制度性特征。因此，研究政府和内部人如何通过影响企业的资源配置，进而影响企业多元化行为，给我们提供了一个全新的视角来解读我国企业多元化“一浪高过一浪”的“异象”。

国外文献大多是研究成熟资本市场中各类资源对企业多元化的影响，国内学者认识到多元化会受制度背景的影响，开始从政府视角关注它们对企业多元化的干预，但这一领域的研究仍相当匮乏，得出的结论也不尽一致。该领域的相关研究可以从以下几个方面有所突破：

首先，进一步拓展研究框架。我国国有股东在行政上的“超强”控制和产权上的“超弱”控制拓展，导致国有企业“政府干预”和“内部人控制”两大公司治理特征并存又此消彼长、两者共同控制企业资源的显著特点。基于这一客观事实，我们有必要从企业资源出发，立足于政府干预和内部人控制的双重制度背景，把政府干预、内部人控制和企业资源三者同时纳入多元化的研究框架，突破单一视角的藩篱，构建更加贴近国有企业多元化制度背景且能反映三者之间互动关系的多维框架，以探索深入剖析政府和内部人对多元化并购的影响路径。

其次，进一步拓展研究内容。“动因—特征—效果”是比较成熟的多元化战略研究范式。中国具有新兴市场和转轨经济的双重特点，国有企业“政府干预下内部人控制”的治理特征决定了多元化并购的特征蕴含着与西方发达国家不完全相同的问题，而政府和内部人有能力也有动机通过手中的资源驱使企业采取不同的多元化模式以实现自身不同的目标，并造成不同的经济后果。而国内关于对多元化的研究主要关注动因和效果两方面，对多元化并购特征的实证文献相对较少，结合新兴市场与发展中国家实际情况分析的则更为欠缺。因此深入探讨政府和内部人如何影响多元化并购特征以及如何规范他们的行为和企业多元化模式从而提升公司价值，是有待进一步研究的主题。

最后，研究深度有待扩展。第一，直接研究我国政府干预、内部人控制与公司多元化行为的文献尚不多见，仅有的几篇也是从经验分析角度提出多元化会受政府干预和管理者的影响，这种影响究竟是如何产生的，其作用机理是什么，目前还缺乏深入理论和实证分析。第二，资源观被国外学者公认为解释企业多元化类型的重要理论，国内仅有三篇（龚小君、车幼梅，2005；李善民、周小春，2007；马忠、刘宇，2010）检验企业各类资源对多元化影响的文献，且除李善民、周小春（2007）证实公司未分配利润与多元化并购正相关，马忠、刘宇（2010）发现企业营销支出与相关多元化正相关外，其他资源的检验结论都与国外学者截然相反。这种差异固然可能源于制度因素的影响，但已有文献在测度资源采用单一的财务指标往往很难清晰直接地反映出企业资源水平，如果采取复合指标体系来全面衡量企业资源可能会更全面和准确地反映出企业资源水平。

第三章　理论基础、制度背景与分析框架

我国正处在经济转型期，制度环境对企业治理特征的形成发挥着至关重要的作用。在政府干预和内部人控制并存的治理特征下，政府和内部人不同的目标函数，决定了他们会出于不同动机干预国有企业的多元化并购。本章总结了政府和内部人影响企业多元化并购的理论基础，并结合国有上市公司的治理特征，深入分析政府干预和内部人控制产生的制度背景，在此基础上提出本书的分析框架。

第一节　理论基础

一、政府干预理论

自 20 世纪 70 年代起，政府干预问题成为西方学术界的研究热点之一，被称为金融经济学"最激动人心的领域之一"。政府干预主要是指以行政手段代替市场进行资源配置的一种行为。政府与市场之间怎样分工、政府在经济活动中应当扮演什么角色，迄今仍是理论争议的焦点。凯恩斯主义的"政府干预理论"认为，由于信息不完善和市场不健全，市场的作用是有限的，在公共品、外部性、垄断等方面，市场并不能有效地配置资源，达到社会福利的最大化，即存在"市

场失灵”，因此，政府不能只起一个“守夜人”的作用，还要在某些领域积极地干预经济，以纠正“市场失灵”。因此，政府需要对市场实施必要和适度的干预，它反映了市场经济发展的内在和客观的必然要求。从理论上说，凡是能够影响经济主体行为的政府行为，都属于政府干预的范畴。

政府干预的思潮，最早可追溯到古典经济学之前的重商主义经济理论。但政府干预理论的真正革命还是“二战”后出现的凯恩斯主义，凯恩斯学派建立起了一套完整的以国家干预主义为原则的宏观经济理论和宏观经济政策，并使得经济干预理论成为现代西方经济学的主流，在此基础上形成了“政府干预理论”。20世纪 70 年代西方经济的滞胀局面对凯恩斯主义的政府干预理论提出了挑战，动摇了“政府干预理论”，理论研究的视角又转向了政府失灵或政策无效方面，自由放任的思想又开始复归，主张还是用市场机制作为资源配置的基本手段。70年代末 80 年代初，新自由主义经济思潮兴起，西方发达国家开始推行新型经济自由政策。80 年代末和 90 年代初西方又出现了经济衰退，凯恩斯的国家干预理论又重新引起重视。结构主义理论中的 Rosensten-Rodan 的大推动理论、Chenery 和 Brun 的二缺口模型、Lewis 的二元结构理论等都为政府干预经济提供了可供选择的模式。随着制度主义对新古典主义和结构主义的批判，市场经济的基本概念也由企业、市场的两极结构转化为企业、市场、政府的三维结构。

“帮助之手”和“掠夺之手”是政府干预经济的两种不同模式。“帮助之手”是指政府不仅具有政治职能和社会职能，同时也具有经济职能，即除了提供司法的公正、维护市场交易的秩序以保护私人利益不受侵犯等基本职能外，它还需要对宏观和微观经济领域实施积极的干预。当政府有效运转时，政府参与经济可以最大化社会福利，政府对经济生活的干预也是有效用的。国内外学者主要从市场失灵理论、自然垄断理论、信息不对称理论、外部性理论、公共利益理论等角度阐释了政府干预一个国家或者地区的经济和企业经营活动的原因。“掠夺之手”是指政府也有自己的目标、利益，并会使用强制力来实现自身利益。政府对经济的干预凌驾于法律之上，政府官员将个人的意愿强加于经济生活之中，从而导致法律得不到执行，民众的基本权利得不到保障，最后造成政府组织的瘫痪和无效率。Shleifer 和 Vishny（1994）提出政府掠夺之手理论，他们认为，掠夺之手有利于理解不同国家的制度差异，解释这些制度构建的原因，以及研究它们对经济发展和增长的利弊。

二、内部人控制理论

青木昌彦（1994）在分析经济转轨国家的公司治理时，最早提出“内部人控制”理论：“国有企业的管理者或工人，在公司化过程中获得了相当大一部分控制权，这些内部人的利益在企业的重大决策中得到有力的强调。”他认为这是因为经济转轨过程中，政府下放经济权力和计划指标，企业管理者却获得了不可逆的管理权威。同时，市场经济条件下有效的国有资产管理体制尚未建立，也没有明显的法律或政治权力可以罢免这些前国有企业的管理者（只要他们能够得到职工的支持），使已经获得很大控制权的管理人员进一步强化了他们的权力。

青木昌彦强调，内部人控制是转轨时期难以避免的一种经济现象。因为在传统的股东主权模式里，管理者的懈怠、无能以及“道德风险”、“逆向选择”等问题是由外部股东来校正的，外部股东要发挥作用，必须要有一个有效率的、具有评定公司价值和转移公司控制权功能的资本市场，还要通过其他一些制度安排，比如竞争性的资本市场和经理人市场。但在转轨经济中，竞争性的资本市场和劳动力市场都非常不完善。同时，管理者在企业内已经形成了有力控制，即没有任何一个外部当事人拥有决定性的权力，可以因为管理者经营表现不佳或道德风险行为而将其解职。同时，职工对他们就业的企业有很强的依赖，他们认为企业会保护自己的既得利益和工作机会。外部人可以预期，若投资于内部人控制的企业，将会面临相当高的代理成本。可见，面对这种内部人掌握着大部分或足够多的资产份额的情况，任何有关战略决策方面的外部压力，只要可能对内部人的就业保障及其他利益产生不利影响，都会遭到强烈反对。而内部人会利用手中的控制权，将自身的利益目标异化于企业经营目标之上，从而损害外部股东利益。

三、委托—代理理论

委托—代理关系广泛存在于经济、社会领域。委托—代理关系是指一个或多个行为主体根据一种明示或隐含的契约，指定、雇佣另一些行为主体为其服务，同时授予后者一定的决策权利，并根据后者提供的服务数量和质量对其支付相应的报酬。授权者就是委托人，被授权者就是代理人。委托—代理关系是随着生产力大发展和规模化大生产的出现而产生的：一方面是生产力发展使得分工进一步细化，权利的所有者由于知识、能力和精力的原因不能行使所有的权利了；另一方面是专业化分工产生了一大批具有专业知识的代理人，他们有精力、有能力代理行使好被委托的权利。于是 20 世纪 30 年代，美国经济学家伯利和米恩斯提出“委托—代理理论”，倡导所有权和经营权分离，企业所有者保留剩余索取权，而将经营权利让渡。但在委托—代理关系当中，由于委托人与代理人的效用函数不一样，委托人追求自己的财富更大，而代理人追求自己的工资津贴收入、奢侈消费和闲暇时间最大化，这必然导致两者的利益冲突。在缺乏有效的制度安排的情况下代理人的行为很可能最终损害委托人的利益。

20 世纪 80 年代后，随着企业接管浪潮的发生，美国总体上的企业多元化程度下降，与此同时，理论界也开始普遍怀疑多元化企业的效率问题，于是，更多的研究从委托—代理理论出发分析企业的多元化动机。这些理论认为企业多元化是在投资者和经理人之间的委托—代理关系中产生的。由于道德风险问题，经理人和投资者的目标发生偏离，为追求自身利益最大化，经理人选择了企业多元化。经理人的这种行为会损害普通投资者的利益，降低企业价值，是一种代理成本。早期的委托—代理理论主要从两个角度分析企业的多元化动机，经理人风险规避角度和经理人的多元化私人收益角度。

Mueller（1969）最早运用委托—代理理论的基本思想分析企业多元化的动机。他认为经理人为了自身利益会偏离企业的最优投资量，产生过度投资问题，在这种情况下企业追求的是增长最大化而非利润最大化或企业价值最大化。Amihud 和 Lev（1981）进一步指出，与普通投资者不同，经理人通常在企业内有大量的、无法多元化的资产，比如持有本企业一定比例的股票和期权；此外，一旦企业出现经营危机，比如破产，经理人将面临失去工作的风险，并且这种状况将不可避免地损害他的声誉进而影响其未来收入。因此，经理人有足够的动力来选择企业多元化以规避这种风险。

Jensen（1986）和 Stulz（1993）利用自由现金流理论来解释联合企业的出现，认为经理人可以从管理一个更加多元化的企业中获取更多的私人利益。Jensen 指出，收购是经理人使用自由现金流而不是将其作为红利发放给投资者的一种方式。根据该理论，拥有剩余负债能力和大量剩余自由现金流的企业更容易进行低回报甚至负回报的多元化并购活动。

Nanda 等（1999）认为，多元化决策从两个方面加深了股东与内部人之间的委托—代理难题。首先，由于多元化对管理者的个人能力提出更高的要求，缩小了企业选择合格管理者的范围，增加了企业更换管理者的成本，因此管理者更容易对多元化经营企业实施有效控制；其次，多元化使企业结构更加复杂，管理者可以掌握企业全部财务信息，而其他股东和外部投资者则只能掌握企业的部分现金流信息，因而弱化了对管理者的监督力度。

四、资源利用理论

资源一直以来被认为是解释多元化的关键因素（Wernerfelt 和 Chatterjee，1991）。Penrose 认为企业内部积累了很多内部资源，企业为充分配置这些剩余资源就会采取多元化扩张战略。Collis 和 Monigomery（1997）指出企业多元化的内在因素是企业拥有难以出售或出租的剩余资源或能力。多元化可以使企业进入新的行业和市场，增加知识和经验，并持续累积核心的异质性资源。学者们以资源观为基础都强调选择与实施多元化扩张能给企业带来资源异质租金或杠杆效应，同时，异质资源所形成的位势壁垒能使企业取得先行者优势，从而获得比竞争对手更高的超额利润。

Wernerfelt 和 Montgomery（1988）研究了资源和多元化战略之间的正向关系，提出企业多用途的关键性资源出现剩余，且与市场机会相匹配，导致了多元化战略。如果剩余的关键性资源用途较少，企业会施行专业化战略。经验研究中，由于关键性资源的识别相对困难，Wernerfelt 和 Chatterjee（1991）对资源的识别和分类被广泛接受。他们依据资源弹性特征将公司资源分为实物资源、无形资源和财务资源三类。

1. 实物资源与多元化

企业的实物资源是指具有物质形态的土地、设备、厂房等。Hoskisson 和 Hitt（1990）认为，实物资源的共享会导致相关多元化。相关多元化通过对原业务中各环节的“剩余实物资源”加以充分整合、运用，可以有效降低运营成本，实现规模经济和范围经济。而这些实物资源由于往往难以转移和运用到新行业的产品或服务中，所以并不会导致无关多元化。虽然实物资源可以扩散到几乎任何一个产品和行业，比无形资源和财务资源扩散能力更强，但它与其他企业的实物资源并不具有显著差异，而且可以通过企业财务资源和无形资源的运作在市场上获得，因此，这类资源很少能给企业带来竞争优势和长期竞争力，所以在企业的多元化战略选择中，它是一个前提条件，而不是决定条件。

2. 无形资源与多元化

包括企业的社会形象、营销能力、管理制度、信息资料、企业文化、品牌、专有技术、商业秘密、经验等都属于无形资源，它们种类繁多，不易计量与把握。许多学者从资源观角度考察无形资源和企业多元化的关系，得出了一致结论：广告、营销能力、商誉、研发投入、专利、管理才能等技术资源有利于企业获得核心技能和难以复制的能力，是主导企业多元化最重要的因素之一，但这些资源只能在相关领域中共享，比较适合相关行业扩张。实证方面，Bettis（1981）证实在 IT 等技术密集型行业，相关多元化企业比无关多元化企业拥有更高的研发支出；Wernerfelt 和 Chatterjee（1991）发现，相关多元化经营公司的研发费用与业绩呈明显正相关关系，由此提出管理层应在研发投入的主导方向上进行相关多元化的行业选择；Ravichandran 等（1989）进一步验证了信息技术支出和相关多元化相互作用会提升企业业绩，而与无关多元化相互作用时对业绩没有显著作用。但马忠、刘宇（2010）发现国内企业营销支出与相关多元化正相关，与无关多元化负相关，而研发投入和专利权、非专利技术与无关多元化正相关。他们认为这可能是因为企业没有足够的研发投入动力，研发支出偏低，大多数企业的先进技术都是从西方购入，易于复制和模仿。异质性的缺乏导致企业难以获得明显的核心竞争力，再加上我国现阶段行业壁垒相对较低，在获取专利权、非专利技术等无形资源方面具有便利性的企业反而更热衷于实施无关多元化。

3. 财务资源与多元化

财务资源具有通用性，理论上可支持任何一种扩张战略。在各种财务资源中，融资能力是企业实现多元化扩张最有力的保障，因此，学者们在多元化研究中所关注的财务资源主要是企业在资本市场筹集资金的能力。Teece（1982）把财务资源分为内部资金和外部资金两种，提出内部资金丰富的企业更倾向于无关多元化，外部资金主要来源于公司的配股和增发新股，容易获得外部资金的公司将会倾向于相关多元化。这是因为，高管在多元化过程中可能产生追求自身利益最大化的机会主义行为，引发自由现金流的代理成本。即使高管的目标导向确实是股东财富最大化，且有足够把握无关多元化能提升企业业绩，但信息不对称的存在也会使外部投资者不敢轻易提供资金给无关多元化企业。所以企业筹集外部资金支持无关多元化扩张战略一般难度较大。Markides 和 Williamson（1994）的实证结论也支持存在"相关性优势假说"，即外部投资者通常认为无关多元化经营会导致企业业绩受损，为确保自身收益，他们投资时不会青睐于无关多元化的企业。与国外显著不同的是，国内的研究结论并不支持财务资源的"相关性优势假说"：龚小君、车幼梅（2005）发现剩余财务资源与两种多元化类型的关系都不显著。马忠、刘宇（2010）也证实企业增发配股次数和债务期限结构与相关多元化并不显著相关，甚至负相关。他们给出的解释是，由于中国的资本市场尚不健全，企业一旦从外部获得财务资源后，很容易按自己的意愿来支配。财务资源的提供方不管是企业、个人还是银行，向外投或借出资金后一定程度上失去了对资金的控制权（至少是直接控制权），很难发挥监督和约束作用。

第二节　制度背景

一、我国国有上市公司的基本治理特征

随着国有企业改革和资本市场深化发展，国有上市公司的治理特征不断演进，一方面吸取了发达国家先进的公司治理经验，另一方面带着鲜明的国有经济改制痕迹。

1. 国有股“一股独大”

为维护国有经济主体地位，政策设计者采取了国有股绝对控股前提下同时引入法人股和公众流通股的股权结构安排，导致我国上市公司的股权治理结构呈现出国有股“一股独大”和股权分置现象，这种与西方企业完全不同的特征，严重损害公司治理效率，中小股东利益常常遭受大股东侵害。2005 年开始的股权分置改革使非流通股逐步获得了流通权，逐步降低国有股权比例同时引进其他大股东，在公司治理结构中逐渐形成了一定的制衡关系，国有上市公司国有股“一股独大”的问题正渐渐得到解决。但是，股权分置改革和国有股减持并非能治百病的神药，国有上市公司大股东几乎都在改革方案中为自己的股票规定了“限售期”，并坚持要拥有 30%~51%的控股权，可见国有股“一股独大”的现象短期内依然会存在，由其引发的各种问题也难以全面消除。

2. 政府干预与内部人控制并存

国有股“一股独大”所引起的问题最为典型的就是国有股东一方面在行政上“超强”控制，另一方面在产权上“超弱”控制，由此导致国有上市公司表现出“政府干预”和“内部人控制”并存的治理特征。

根据产权理论，政府干预是公有产权的重要特征。政府干预导致的损失私营企业主需全部承担，国有企业管理者却几乎不用承担损失或只需承担很少，所以

只有能得到更多补偿时私营企业主才会接受政府的干预。政府可以更低的成本干预国有企业，导致政府部门对国有企业的干预比对私营企业更普遍（Shleifer 和 Vishny，1994）。国有股“一股独大”，也为政府干预国有上市公司提供了条件。这种干预主要表现在：①通常是由政府部门任命公司的管理者，按政府官员标准来考核，并予以薪酬管制（陈信元、陈冬华，2005）。②地方政府和国有控股股东采取直接占用公司资金、高额派现或关联方交易等形式掏空上市公司，以实现维持被剥离后国有企业的生存，或保持社会稳定、经济发展目的；地方政府和控股股东又会在公司财务状况恶化、丧失再融资资格或陷入退市困境时，不遗余力地支持上市公司，以保留融资渠道或实现政绩目标。③地方政府还经常会驱使上市公司超额雇员，以缓解当地就业压力（曾庆生和陈信元，2006）。

“一股独大”的背景下，国有股东主体缺失又成为“内部人控制”的根源。国有资产管理局、国有资产管理公司、国有集团公司或总公司作为国有股的持股主体，不是投资收益人，没有产权约束，本身没有足够动力监督管理者，尤其是企业主管部门，因为行政隶属关系，很自然地会与企业结为一体，也削弱了其监督作用。正因为如此，内部控制主体的动力缺失，造成了控制效率低下，控制风险被放大。“全体人民”作为国有股份的最终所有者在国有上市公司中所占股权比例最大。但“全体人民”缺乏对公司控制权的控制力，无法有效影响或监控公司事务，作为出资人的权利只能以逐级委托—代理的方式，最终落实到企业管理者，使得管理者成为代理人拥有公司的实际控制权。这种特殊的“逐级委托—代理”关系容易导致国有资本的有效投资主体缺失，并且代理成本极高，很大程度上降低效率。内部董事和高管集中掌握了公司控制权，却不用承担或极少承担相应风险和投入物质利益，他们的权力在国有股主体缺位的环境中很难受到有效监督，委托—代理问题更加恶化，出现“内部人控制”现象。这种现象对经济效率具有双重影响：一是内部人的信息优势以及剩余控制权与剩余索取权一定程度的匹配，使得内部人控制可以提高经济效率，同时削减计划经济体制下企业经营的行政管理成本（协调成本和激励成本）（费方域，1996）；二是存在所有者缺位、治理机制虚弱情形时，内部人可能以转移或瓜分国有资产、建立个人帝国、滥用企业资源等方式侵害出资人权益（张维迎，1999）。

二、政府干预国有上市公司多元化并购的制度背景

1. 市场存在缺陷和我国市场经济体制尚不完善

从计划经济转向市场经济的改革实践，提升了市场在我国资源配置中的地位和作用，但现阶段市场机制仍存在一定弊端，典型的如市场机制不健全、体系残缺、法规不完善等，较大程度上限制了市场功能发挥。再加上市场机制的固有缺陷，如存在自身外部性、垄断力量、信息不完全、调节失效等，完全由市场机制发挥作用，将难以保持宏观经济的均衡状态。此时政府使用诸多经济与政策手段调节市场机制成为必须。凯恩斯在政府干预理论中也提出，政府需要利用财政、货币政策等适度干预手段对市场机制的缺陷加以弥补。这种必要的政府干预是以弥补市场失灵，或帮助经济尽早走出困境、确保市场机制持续推动经济增长为导向，维持市场经济的自由和效率是最终目的，与自由市场机制并不矛盾。

2. 分税制改革导致地方财政压力过大

我国的财政体制分为中央、省（自治区、直辖市）、地区、县和乡镇五个级别，中央政府以外的各级政府统称为“地方政府”。1994 年开始的分税制改革调整了中央政府和地方政府间的财政收入分配格局，中央政府财政收入呈整体上升趋势，地方政府的财政收入不断下降。与此同时，各自的财政支出责任却未得到相应调整，如：医疗体制改革、住房制度改革、国企福利改革、养老金、失业救济、困难补助、最低生活保障等，造成地方政府的财政支出规模日益扩大，财政压力陡增。如表 3–1 及图 3–1 和图 3–2 所示，地方政府的财政支出呈持续上升趋势，1994 年至今占全国财政支出比重维持在 70%~85%，而财政收入却仅占全国财政收入的 50%左右。由表 3–2 可见，大陆 31 个省级行政区均出现大幅度赤字，这决定了地方政府需要使出浑身解数以扩大收入、降低财政运行风险。

表 3-1 1994~2013 年中央和地方政府财政收入、财政支出对比

单位：%

年份	财政支出比重		财政收入比重	
	中央政府	地方政府	中央政府	地方政府
1994	30.3	69.7	55.7	44.3
1995	29.2	70.8	52.2	47.8
1996	27.1	72.9	49.4	50.6
1997	27.4	72.6	48.9	51.1
1998	28.9	71.1	49.5	50.5
1999	31.5	68.5	51.1	48.9
2000	34.7	65.3	52.2	47.8
2001	30.5	69.5	52.4	47.6
2002	30.7	69.3	55.0	45.0
2003	30.1	69.9	54.6	45.4
2004	27.7	72.3	54.9	45.1
2005	25.9	74.1	52.3	47.7
2006	24.7	75.3	52.8	47.2
2007	23.0	77.0	54.1	45.9
2008	21.3	78.7	53.3	46.7
2009	20.0	80.0	52.4	47.6
2010	17.8	82.2	51.1	48.9
2011	15.1	84.9	49.4	50.6
2012	14.9	85.1	47.9	52.1
2013	14.6	85.4	46.6	53.4

资料来源：中华人民共和国统计局：《中国统计年鉴》（1995~2014）。

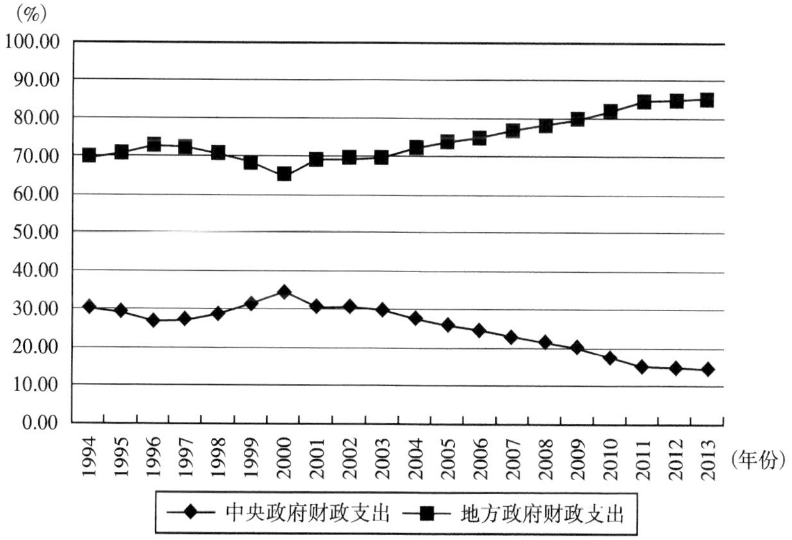

图 3-1 中央、地方公共财政支出变化趋势

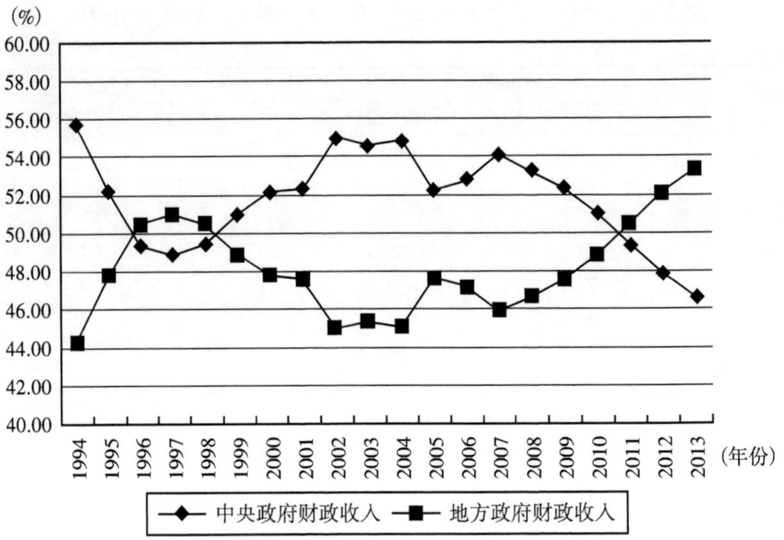

图 3-2　中央、地方公共财政收入变化趋势

表 3-2　2013 年中国各地区财政收入与财政支出

单位：亿元

地区	财政收入	财政支出	地区	财政收入	财政支出
北京	3661.11	4173.66	湖北	2191.22	4371.65
天津	2079.07	2549.21	湖南	2030.88	4690.89
河北	2295.62	4409.58	广东	7081.47	8411.00
山西	1701.62	3030.13	广西	1317.60	3208.67
内蒙古	1720.98	3686.52	海南	481.01	1011.17
辽宁	3343.81	5197.42	重庆	1693.24	3062.28
吉林	1156.96	2744.81	四川	2784.10	6220.91
黑龙江	1277.40	3369.18	贵州	1206.41	3082.66
上海	4109.51	4528.61	云南	1611.30	4096.51
江苏	6568.46	7798.47	西藏	95.02	1014.31
浙江	3796.92	4730.47	陕西	1748.33	3665.07
安徽	2075.08	4349.69	甘肃	607.27	2309.62
福建	2119.45	3068.80	青海	223.86	1228.05
江西	1621.24	3470.30	宁夏	308.34	922.48
山东	4559.95	6688.80	新疆	1128.49	3067.12
河南	2415.45	5582.31			

资料来源：中华人民共和国统计局：《中国统计年鉴》（2014）。

3. 地方保护主义盛行

1993 年之前，地方政府为地方国有企业提供支持与保护，因而扮演了“代理人”角色。早在分税制改革之前，地方政府和地方国有企业间就已存在互利关系：地方政府可予以地方国有企业特殊保护和税收减免；地方国有企业的留成利润被划入预算外收入，成为地方财政收入的重要来源。分税制改革使得地方政府有更强动力保护地方国有企业，以推动当地经济增长、扩大地方财政收入和稳固权力基础、同其他地区之间展开激烈竞争。虽然地方保护主义倾向是固有现象，但分税制改革无疑加重了这一现象：地区间竞争的加剧，使地方政府的决策除了受中央政府影响外，还要受其他地方政府的影响，导致补贴本地企业、阻止外地企业竞标、拖延授权或者注册程序、禁止外地企业对本地企业并购等一系列政府干预市场，实施地方保护的行为纷纷出现。一旦地方保护主义成为地方政府共同的理性预期，地方政府连同它们与地方国有企业的关系可能陷入“囚徒困境”：困境越深，企业越依赖政府，政府越可能为了机会主义建立地方保护主义壁垒，阻碍资源流动。

4. 基于 GDP 的业绩考核和晋升制度

政府官员“经济参与人”和“政治参与人”的双重身份，使他们不仅关注自身经济收益，同样关注自身政治收益和官职晋升。

当前的政治体制中，各级政府间存在“委托—代理”关系。中央政府或上级政府作为委托人，以 GDP 增长率、税收增长率、就业率等指标作为评价和奖惩代理人的依据。同时，集权式国家里下级官员由上级政府任命。于是，经济指标尤其是 GDP 增长率从 20 世纪 80 年代起取代了纯政治指标，作为地方官员选拔和晋升的主要凭据。由此 GDP 增长率等经济指标排名成为地方政府官员关注的焦点，而且下级政府竞相提出比上一级政府更高的经济发展指标，层层加码。

晋升激励的缘故，一定程度上使得地方政府官员只关心任期内的政绩考核指标是否完成。政绩指标是否完成当期可以显现，但是恶性掠夺资源的后果往往需要较长时间才能暴露，此时原先的官员早已升迁或离职，并不需要担负相关责任。于是政府官员这种追求短期“政绩最大化”而忽略长期经济增长的机会主义思想，带来地方政府行为的显著变化：积极引入各类资金，又大又快地上马项目，低水平重复建设和过度投资都成为提高GDP增长率的有效手段。导致投入大量资金的“政绩工程”收效却甚微。

5. 政府对资源分配具有重要影响力

特殊的制度环境决定了我国政府可以较大程度地影响对市场资源的分配，这成为政府干预企业经营的必要条件。

（1）干预银行信贷。

我国的银行体系长期由四大国有商业银行垄断，政府直接或间接控股了大部分商业银行，银行高管人员的任命乃至重大战略决策都离不开政府的掌控。同时政府通过制定市场准入、业务范围、利率控制、银行服务定价等一系列监管措施，进一步牢牢控制了银行业。在此背景下，银行的理性行为必然要服从政府的意志。尽管随着银行业改革的深入，国有银行开始依据经济原则制定信贷决策，但政府凭借其最终所有者身份，依然对信贷资源配置发挥主导作用，导致国有企业能获得更多信贷资源，而私营企业获得的支持较少。

（2）税收优惠政策。

国家为了扶持部分产业发展或减除、减轻部分纳税人税收负担，制定了一系列税收优惠政策。尽管各项税收优惠政策通过政策文件的形式颁布，但要想获得优惠，大多数时候企业都需要得到政府的审批。例如，省级财政部门拥有西部地区或自治区企业减免企业所得税的审批权；没有落户在国家级的高新区之内的高新技术企业，先要经过国家或地方科技管理部门的“双高”认证，才能获得高新技术企业税收优惠。尽管对企业税收优惠的审批有一些较客观的硬性指标，但这些硬性指标往往可以被一些由政府官员进行认定的软条件所代替，主观性和随意性较大。因此，政府官员很大程度上掌握企业优惠政策的支配权和决策空间，由此形成官员权力寻租空间。

（3）财政补贴。

财政补贴包括无偿付给企业的资金、实物补贴、税收支出和财政贴息等。政府补贴经常被视为政府介入企业经营最直接的手段，是一种有效的财政工具。政府作为理性经济人，在自身可承受的范围内动用可支配的经济资源向企业发放各种形式的财政补贴，也不是盲目的，而是从自身利益最大化角度出发。如保持地方就业率是地方政府的重要职责，也是考核地方政府政绩的重要依据，因此创造大量就业机会的企业，往往成为政府财政补贴的对象。唐清泉和罗党论（2007）研究证实，政府补贴在实现就业、提供公共产品、鼓励或扶持特定行业发展等社会目标方面发挥巨大作用，企业承担更多的社会目标，会得到更多政府补贴。

（4）管制性行业壁垒。

由于受法律法规、政府审批等限制，管制行业进入壁垒较高。国有大中型企业因为经营时间长、企业规模大以及能获得国家信用支持，进入政府管制行业时相比民营企业有明显优势。因此我国的管制行业基本上都由国有企业所垄断，身处这些行业可以为企业带来稳定的超额利润。随着市场化改革的深入，近年来政府逐渐批准一部分民营资本进入管制行业。不过，管制行业由于关系到国计民生，政府不可能向非国有资本完全放开，而且政府手中掌握着游戏规则，行业准入政策也只是相对的。

综上所述，财政收支的巨大压力、地方保护主义强化和以 GDP 增长作为考核指标的“政绩观”的改变，不可避免地导致地方政府试图将自身目标异化于国有上市公司的经营活动中。政府从外部掌握着一部分关键性资源的分配权，这又使得政府干预企业的多元化并购成为可能。

三、内部人控制影响国有上市公司多元化并购的制度背景

1. 产权模糊与内部人控制

国有企业实际是全民企业，全体人民不可能来经营企业，于是政府成了当然的代理人。政府是一个政治组织，尽管通过制定法律它可以成为主体，但不能直接管理国有企业，国家要通过自然人来表达自己的意志，自然人又成了国家和政府的代理人。政府不能直接经营国有财产，它又得组建企业，这些企业又是一个经济组织，它是政府的代理人，这些组织面对和政府同样的困难，它又得找自然人表达意志，到最后，原来的委托人已经在这么多代理链条中不见了。国有企业

中，只看到作为代理人的管理者。

改革开放初期，针对国有企业存在经营自主权缺乏、工人积极性不高和企业效率低下等主要问题，国家采取了以“权利”换取“效率”的改革：通过对企业下放部分新增收益支配权，调动经营者和生产者的劳动积极性和提高资源配置效率，从而实现扩大财政收入和提高职工工资的目的。虽然这种行政性的放权让利，一定程度上提高了国有企业的效率与活力，但只是赋予企业一部分利润支配权，并未使企业享有独立的财产权，也不承担国有资产经营责任，企业原有的产权关系并未发生任何变化。另外，赋予国有企业一定经营活力的同时，也带来了所有权对经营权的约束不力，所有者与经营者之间没有形成有效的委托—代理机制，造成和强化了“内部人控制”现象，代理问题依然非常突出。

自 1987 年国有企业开始承包经营责任制改革，通过赋予经营者更充分甚至是完全的剩余索取权和剩余控制权，解决国家所有者与企业经营者共同分享剩余索取权引起的利益摩擦，实现扩权让利与国有资产保值增值的统一，稳定财政收入。但承包制具有与生俱来的缺陷：首先，无法使企业产权独立化。普遍性、排他性以及可转移性是法人财产权的三大特征。企业法人能够完全占有、使用、收益、处置企业财产，才符合产权独立化的要求。与之不符的是，不仅承包企业不享有完整的法人财产权，而且由各级政府代表企业财产的所有者，造成产权边界模糊，企业无法对国有资产的损益负责。其次，承包制扭曲了法人制度。承包制直接分离所有权与经营权，拥有行政权、调控权和所有权的企业上级主管部门作为发包方，具有自然人特征的经营者作为承包方，避开了企业法人这个中间环节。承包后代位企业法人的经营者表现出多重身份：作为法人代表，要全权代表所有者的利益，保值增值资产；作为受行政约束的厂长、经理，要尽可能完成各级行政机构压下的各种指标；作为经营者，要谋求企业的长期发展；作为企业一员，要为全体职工谋福利。厂长或经理的内部人控制地位被进一步加强。

由于放权让利、承包经营等举措仅是经营权的调整，尚没有触及产权制度改革，也没能从根本上解决国有企业机制不灵活和资本不充足的问题。于是，以产权结构改革为核心的股份制改造和建立现代企业制度被提上了日程。1986 年 12

月，国务院在《关于深化企业改革增强企业活力的若干规定》中提出：推行多种形式承包制的同时，将部分国有企业作为股份制改革试点，正式拉开了国有企业股份制改革的大幕。截至目前，股份制改造获得了一定成绩，但改革过程中又涌现出一些新问题：国有股“一股独大”、股权结构不合理；国有资产所有者“缺位”现象依然严重；对管理层的监督约束不足，企业被内部人控制，公司的权力结构失衡，给投资者带来严重损失。

2. 董事会与内部人控制

股东会、董事会、监事会都属于对内部人控制的制衡机制，作为内部治理的重要环节，许多西方学者对其进行理论和实证研究，结果表明这三个制衡机制的安排在一定程度上的确能够降低企业的代理成本。但是，公司制度移植到中国后，出现了本土固有的文化、传统、伦理、道德、价值观、意识形态等与“舶来”的规章制度不相容的现象。例如，国人习惯于集权思维，但西方股东大会、董事会、监事会的分权制衡，以整个社会的分权意识为基础。由此造成国内的股东大会、董事会、监事会都被当权者左右，在目标选择上高度一致，无法形成分权制衡关系，固有的监督功能也难以发挥。

董事会缺失应有功能，无法形成对管理者的有效监督与制约，内部人控制现象未能得到有效抑制。原因有二：

其一，一方面为了便于同《企业法》规定的厂长（经理）负责制相衔接，保护国有大中型企业厂长、经理们按《公司法》要求对原企业改组的积极性；另一方面也是为了理顺董事长与厂长（经理）之间的关系，我国许多公司制企业采用董事会和经理班子合而为一的做法，即董事会也是企业的经营班子，董事长兼总经理，董事担任副总经理等职务；在很多国有企业中，董事长、厂长或经理还兼任国有资产代表。企业主要领导集诸多权力于一身，必然使董事会、股东会沦为名不副实的傀儡机构。山东证监局 2009 年对山东辖区内沪市上市公司的一项调查结果显示，96.67%的公司董事兼任总经理，董事兼任高管比例在 30%以上的占 53.33%；兼任比例在 50%以上的占 6.67%，只有 1 家公司总经理不是董事。董事会与管理层有很高重合度，使得董事不仅拥有企业重大事项的决策权，还能以管理者身份直接参与生产经营活动。

其二，公司改制时，大多由原厂长或经理自己操刀给自己动手术，“避重就轻”改组得不彻底就无法避免了。在原有领导体制中，厂长或经理手中几乎掌握了企业生产经营的所有权利，这种集权制度凭借强大的惯性在公司改制后依然得以运行，在董事会中尽量多安排自己的亲信成为普遍现象。山东省证监局的调查表明，除独立董事外，经上届董事会提名并当选董事的人数占董事总人数（不含独立董事）的 68.21%，经第一大股东提名并当选的占 24.28%，而经其他中小股东提名和其他途径提名并当选的比例分别为 4.62%和 2.89%。独立董事提名情况是：全部独立董事均由董事会提名的公司占样本总量的 86.67%，其他公司则由控股股东和董事会共同提名。另外，97%的公司在章程中规定董事、监事选举时（可以）实行累积投票制。但在实际执行过程中，有 36.67%的公司并未采用过累积投票方式，中小股东在董事会中的发言权依然不足。

由此可见，由于历史原因，目前国有企业的董事会仍无法解开内部人控制的迷局。内部人控制往往表现为董事会成员和管理者一起作为代理，违背、侵犯股东的利益和意志。

3. 股东大会与内部人控制

一方面，国有公司中国有股东处于绝对控股或相对控股的地位，在股东大会中具有绝对话语权，聘任的管理者通常也是其“亲信”。管理者一旦上任后，国有股东往往缺乏监督管理者的动力和能力，致使其对管理者的监督功能弱化，直接导致内部人控制问题。同时，在许多国有企业中，国有资产所有权人格化代表仍然未到位，国有股东缺位的结果是国有资产的财产权利私人化和财产责任公有化，容忍并强化了内部人控制。

另一方面，高度分散的公众股股东其意志往往难以有效集中，决定了公众股股东在股东大会中的作用相当有限。而且公众股股东的个别监督成本太高，使他们很容易出现“搭便车”倾向，寄希望于其他股东积极行使监督权以使自己获利，互相推卸责任导致无人行使监督权，内部人控制现象也难以得到有效抑制。

4. 监事会与内部人控制

对董事会和经理层行为加以监督，防止内部人侵害股东或其他利益相关者权益，这是监事会的基本职责。按《公司法》要求，监事会须由股东代表和适当比例的职工代表组成。但我国监事会主要由企业内部人员构成，如公司的党委或纪委领导、职工代表、工会领导、中层管理干部等，一些监事会甚至没有或者很少有股东代表参加。企业经理层对内部人员的职务升降、工资及其他待遇具有决定权，使得这些处于被领导、被指挥地位的内部人员难以有效履行监督职责。另外，监事会中缺少具有经济、财务和法律等专业背景的人才，成员多为政工干部，也在一些方面影响了监督职能的发挥。

《公司法》中规定的监事会职权弹性都过大，缺乏可操作性，缺乏必要的程序保障，也使得监事会普遍成为一种可有可无的摆设，难以将空泛的监督权落到实处。如《公司法》并未对公司财务检查时的检查方式、检查途径、费用的承担方等关键问题加以详细规定，造成监事会的财务检查权难以落实；没有明确监事会是否有权监督公司董事、经理以外的其他管理人员；没有明文规定由谁来认定董事或经理的行为会损害公司利益，以及监事会要求董事和经理纠正行为却遭董事、经理拒绝时，监事会要采用什么方式处理等。另外，《公司法》规定监事会的召集权归公司，公司章程往往被大股东操纵，一般规定监事会只一年召开一到两次会议，使之流于形式。

《公司法》除了对监事会权利的规定过于空泛外，对监事责任的规定也几乎是空白。虽然第五十九条规定“监事不得谋私利、不得侵占公司财产”、第六十二条规定“监事需保守公司秘密”、第六十三条规定“监事因违法给公司的财产造成损失的承担赔偿义务”，但监事不履行义务时要承担何种法律责任，我国法律中并未明确规定。没有无权利的义务，也没有无义务的权利，通过一个不行使监督权也无须承担责任的内控机关去制衡董事会和管理者，显然难以实现。

5. 独立董事与内部人控制

2001 年独立董事制度的引入，目的是为了抑制内部人控制问题，但由于法律文化、历史传统的不同，这一从西方国家移植过来的制度还没有很好地适应中国这片土壤，出现一系列问题，使独立董事在抑制内部人控制方面发挥的作用有限，主要表现为：

首先，独立董事作用的定位不清晰。监管机构希望独立董事起到监督作用，大多数上市公司希望提供专业知识和技术支持作用，导致独立董事的作用不明确。

其次，独立董事主要是由上市公司自己来选派，缺乏足够的独立性。现阶段，独立董事大都来源于大股东的推荐，往往因为与董事会中的某位高管存在良好关系，尽朋友之谊，到上市公司担任独立董事，或仅在公司挂个名，这种“人情董事”或“花瓶董事”客观上起不到监督作用。

再次，独立董事履行职责的精力和时间的投入难以确保，履职能力有待提高。上市公司的独立董事大部分是知名人士兼任的。他们往往受聘于多家公司，又要忙于本职工作和各项社会活动，难以有机会深入研究、了解受聘公司情况。加之获取上市公司信息的渠道单一，信息的虚假、误导和歪曲等风险较高，其判断的公正性有待商榷。

最后，独立董事的权责利不相称。独立董事从上市公司取得酬劳，需要以自己多年奋斗所积累的良好声誉为担保，公司发生违法、违规行为而独立董事出具相应法律文件的，按照现行法律规定，独立董事会和公司其他董事一起被追究法律责任。随着监管日益严格，独立董事在公司治理中肩负的责任和面临的风险都日益加大。在赋予其较大权力的同时，独立董事大都不具备赔偿损失的能力，再加上我国社会保险体系不够健全和缺乏免责机制，导致独立董事的风险承受能力愈加薄弱。在这种责、权、利不对等的情况下难以调动独立董事的积极性。

6. 外部约束机制与内部人控制

公司缺乏外部约束机制为实施内部人控制行为提供了环境。公司外部约束机制不健全主要表现为资本市场、职业经理人市场等诸多市场体系不完善。我国的资本市场至今尚不够健全且运行不规范，尤其是国有股“一股独大”和流动性差，造成国有企业的管理者不必时时担心股东“用脚投票”，“敌意接管”的可能性也较小，这就削弱了资本市场的监督能力，国有企业的管理者可以高枕无忧，滥用对企业的实际控制权。同时，我国还缺乏完善的经理人市场，国有企业的管理者由政府任命。统计显示，自2003年以来，央企公示的高管人选中，来自于本系统内部的占42%，具有国资背景的占47%，只有11%左右的人选来自于外部。这些具有行政级别的管理者，有较强的利己主义和“官本位”思想，大都以个人利益最大化和官职晋升为行为目标，很难以企业资产的保值增值为导向。这样经理人市场也较难形成对管理者的有效约束，再加上一些外部监控的中介组织（会计师事务所、审计事务所和评估机构）独立性较差，一定程度上助长了“内部人控制”。

7. 地方政府的默许、庇护

地方政府的默许、庇护甚至合谋，也是内部人控制的推手。地方政府由于担忧中央政府日后会重新配置资产，鼓励其控制下的国有企业尽可能追求短期利润最大化，而忽视长期价值的增加。甚至希望把地方国有企业私有化，或默许，甚至鼓励那种“自发的或非正式的私有化”。同时，地方政府从自身利益出发，还可能与企业达成共识：地方政府向企业的偷税、漏税等行为提供各种方便和庇护，作为回报，企业对地方政府的各项开支予以资金支持。

8. 管理者激励不足

减少所有者与经营者之间代理成本的措施之一是管理者激励（Jensen和Meckling，1976）。激励制度对资本投资决策的作用表现为：推动管理者接受净现值为正的投资项目，缓解投资不足；外部化管理者的私人利益，推动管理者放弃净现值为负的投资项目，抑制过度投资。

与国有企业对管理者约束不足并存的是，国有企业管理者的薪酬和股权激励水平均较低，难以起到真正的激励作用。政府部门的薪酬管制，使得国有企业薪酬安排激励效果低下（陈信元等，2005），此外，国有企业目前施行的高管股权激励制度与标准的经理期权计划相比也存在显著的差异。当管理者的努力工作和经营才能无法得到契约补偿和激励时，极易导致管理者机会主义行为，落实到资本投资行为上，反映为投资过度或卸责（辛清泉等，2007）。

第三节 政府干预、内部人控制与多元化并购的分析框架

根据前文分析，我国经济转型时期政府职能的“错位”、“越位”和“缺位”，导致国有上市公司出现政府干预和内部人控制并存的治理特征。一方面，在新兴加转轨的市场经济环境中，虽然市场机制在发挥作用，但企业依然在较大程度上依赖非市场机制获取发展所需资源，这就使得国有企业包括并购在内的财务决策会受到政策性负担和官员政治晋升目标等政府因素的影响。另一方面，公司多元化并购行为可能源于“内部人”私人收益的考虑。管理者具有构建企业帝国的倾向，他们为扩大企业规模以谋求更高的工资或津贴等私利，可能滥用企业内部资源，引发盲目多元化并购。而且过度自信的管理者往往会高估并购收益，相信多元化能带来协同效应，导致本身不具有价值的多元化并购活动得以发生。由此可见，特殊的制度背景使政府和内部人有动机和有能力对公司多元化并购施加影响，以实现自身的政治、经济目标。政府和内部人对多元化并购的这种干预主要表现在并购类型和并购对象选择两方面，并最终会影响到并购的经济后果。

基于此，本书以政府干预理论、内部人控制理论、委托—代理理论和资源利用理论为理论基础，从现实背景出发，运用规范分析的方法系统梳理政府干预和内部人控制影响国有企业多元化并购决策的制度因素，之后运用理论与实证分析相结合的方法论证政府干预和内部人控制对多元化并购类型、并购对象选择偏好（行业偏好、关联方偏好、同区域偏好）以及并购长短期业绩的影响。具体分析框架如图 3–3 所示。

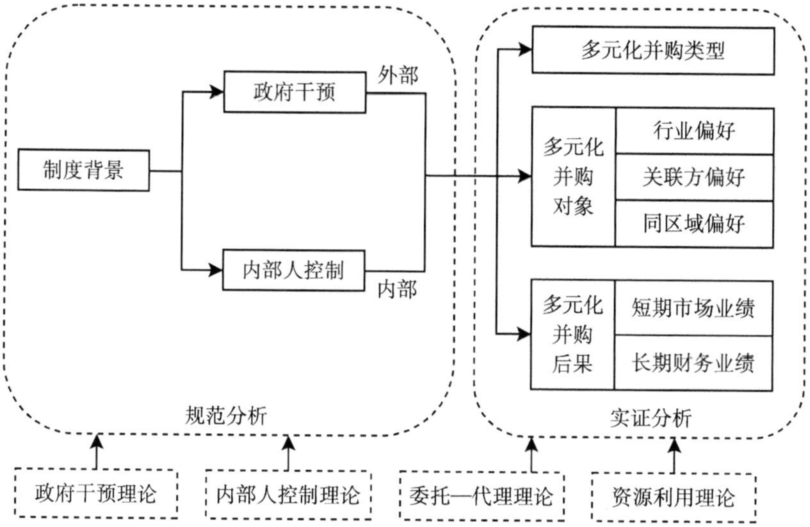

图 3-3　政府干预、内部人控制与多元化并购分析框架

第四节　本章小结

本章首先总结出政府干预和内部人控制影响多元化并购的理论基础，接着对我国经济转型时期国有上市公司里国有股“一股独大”导致政府干预与内部人控制并存，以及管理者激励不足的基本治理特征加以总结，并从制度背景角度分析了政府和内部人有动机和有能力对公司多元化并购施加影响。在此基础上提出政府干预和内部人控制影响多元化并购的分析框架，为后文的实证研究奠定了逻辑起点和现实基础。

第四章 政府干预、内部人控制与多元化并购类型

按照涉足业务的关联性，多元化可分为相关多元化和无关多元化两种类型。无关多元化由于新旧业务之间没有明显的战略适应性，企业要承受更高风险，受诉议也最多，被称为多元化战略中的“陷阱”。发达国家企业归核化后，即使仍坚持多元化经营的企业也多为相关多元化。本章将立足于我国经济转轨时期特殊的制度背景，针对国有上市公司大量涌现无关多元化并购这一特殊现象，分析检验政府干预和内部人控制是否会影响多元化并购类型以及这一过程中企业关键资源是否发挥中介作用，从而描绘出政府干预和内部人控制对多元化并购类型的作用机理。

第一节 理论分析与研究假设

一、政府干预与企业多元化并购类型

新兴市场中，政府会对企业多元化并购决策产生重要影响。政府掌握大量资源分配权、直接持有国有企业股份、控制绝大多数国有企业经营者的任免权，天然地为其对国有企业进行干预创造了条件。政府可以利用其社会的行政管理身份，通过干预企业多元化并购将公共事业目标植入企业经营活动中，如促使企业

投资于能源、交通等基础项目，积极参与地方经济建设；帮助亏损企业脱贫解困，以降低地方失业率和缓解财政压力（钟海燕等，2010）；扶植重点产业，引导企业集聚发展，培育高附加值、长产业链的大型企业和企业集团；甚至通过多元化并购，阻碍其他地区同行业的发展，并最终在“锦标赛式”的地方官员职位晋升中获得成功，这些都使政府有动力干预企业多元化并购。多元化并购在一定程度上也是政府干预的结果（陈信元、黄俊，2007）。

但政府干预不同类型多元化并购的出发点可能还有所差异。政府引导企业相关多元化并购实现与上、下游企业的联合，通过实现范围经济和规模经济，既可以提升企业业绩，增加税费，扩大财政收入和加快地方经济发展，又可以响应中央号召组建“大公司和企业集团”、提升地区形象。因此政府干预相关多元化并购可能更多是出于经济和政绩目标考虑。政府干预无关多元化并购时往往是发挥其“掠夺之手”，通过引导上市公司把优质资产注入“问题企业”，帮助这些“问题企业”脱贫解困、缓解财政赤字和失业问题、维护地区经济社会稳定（方军雄，2008），而不管其业务是否与上市公司相关。这种“拉郎配”式的无关多元化并购可能更多是基于政府的社会管理目标。由此可见，政府出于不同目标对两种类型的多元化并购都可能加以干预。因此本书提出假设：

H4-1a：政府干预与相关多元化并购正相关。

H4-1b：政府干预与无关多元化并购正相关。

二、内部人控制与企业多元化并购类型

内部人既是有一定理性的经济人，又是受社会群体作用的社会人，内部人控制下的企业多元化并购行为，要受他们的行为机制和行为模式影响。企业的多元化并购就是内部人经济理性和社会属性两种作用复合叠加的结果。大量文献表明，多元化经营是内部人以牺牲所有者利益为代价而追逐个人利益最大化的结果（Gibbons 和 Murphy，1992；Shleifer 和 Vishny，1994）。内部人对企业的多元化并购施加影响的动机在于：第一，身为国有资产代理人的管理者，实际上掌握了企业的控制权，他们除了追求更高的货币收益外，还力图获得尽可能多的非货币收

益，如舒适的办公室，气派的商业应酬，掌控更多的人、财、物等，而这些收益的获得与国有企业规模成正比。多元化作为一种增加公司规模的极具吸引力的办法和降低公司业绩波动性的有效手段，自然会受到内部人青睐。第二，内部人为了施展其才能、体现其“企业家精神”自我实现的需要，常常会过度自信，过高地估计多元化项目的盈利情况或过高地评价公司的投资机会，企图通过多元化经营来实现自身能力和公司业务范围之间的良好匹配，借此扩大自己在业界的声望和地位。第三，国有企业的高管人员大多由政府直接任命或由政府官员担任，这些高管人员出于稳固职位或谋求升迁的需要也会主动听从政府安排，凭借自己的影响力去说服董事会支持自己的偏好，积极实施多元化并购。因此，作为内部人的管理人员有动机千方百计地利用自己手中的代理权来通过多元化扩大企业规模，而这种多元化与效率是否有关，对他们来说并不重要。

无关多元化组合能提高企业的抗风险能力，降低内部人的个人收益风险和人力资本风险。而且内部人利用无关多元化并购挖掘“壕沟”，可大大增加企业对本人的依赖，建立自己的不可替代性，就此进一步提高自身声望和薪酬。过度自信的特质也常常会使他们低估无关多元化并购的风险和高估收益。因此，基于自身利益考虑，内部人可能更倾向于利用手中代理权实施无关多元化并购。因此本书提出假设：

H4-2：内部人控制与无关多元化并购正相关。

三、影响多元化并购类型的路径——基于资源视角

Wernerfelt 和 Montgomery（1988）依据资源弹性特征将公司资源分成财务资源、知识技能和市场等无形资源以及企业的厂房和机器设备等实物资源。这些资源一直被认为是影响多元化并购类型最关键的因素。转轨经济背景下，国有上市公司赖以生存的关键性资源事实上被政府和内部人分别从企业外部和内部所掌控，使得他们可以通过影响关键资源配置来左右企业的多元化并购类型决策，进而将自身目标异化于企业经营活动中。

1. 企业资源与多元化并购类型

企业并购需要大量资金，单纯依靠自身的内部积累往往不足，因此外部资金筹措是实现多元化并购的关键因素。本书关注的财务资源主要是企业的外部融资能力。根据“相关性优势假说”，在信息不对称的前提下，外部市场通常认为无关多元化风险较大，轻易不会向无关多元化并购的公司提供资金，由此形成约束。由此，国外学者认为企业可能会用外部财务资源支持相关多元化并购。但我国企业股权融资成本“低廉”，银行软预算约束广泛存在，使外部约束在限制企业行为方面缺乏实质效果，企业完全可利用外部财务资源支持风险较大的无关多元化并购。由此造成我国国有上市公司的财务资源可能有悖于“相关性优势假说”——既支持相关多元化并购也可支持无关多元化并购。

范围经济理论认为，把产品生产领域拓展到其他的关联产品，可以形成经营范围扩大的经济效应。企业成功研发新技术和产品，意味着企业内部新生产领域的诞生，新生产领域又带动新设备的生产、新材料的需求、新售后服务网络建设等一系列外溢效应，为了内部化这种外在经济效益和使企业能在更宽的生产领域平摊研究开发费用，导致多元化。同时企业长期培育的品牌信誉扩散到相关领域，可以共享品牌效应，管理者有一定通用性的管理经验与经营技能，也能得到最大限度的发挥。实物资源有不可分割性及高度专用性，在尽量多的业务中分摊固定成本可收到明显的经济效益，用于季节互补性产品生产可提高设备的利用效率，用于生产上下游产品可以实现纵向一体化。

但无形资源、实物资源与企业多元化之间的良性循环有一定相关范围，原有技术经验、设备厂房、存货等很难完全移植到完全不相关的业务中，新产品也难以共享现有的市场和营销，难以产生范围经济，且大大提高了管理协调难度和运营成本。因此，为有效利用剩余无形资源和实物资源，企业往往会实施与市场或产品高度相关的多元化战略，而不愿远离自己的核心业务。据此本书提出假设：

H4-3：企业无形资源、实物资源丰富度与相关多元化并购正相关，财务资源丰富度与多元化并购类型无显著相关关系。

2. 政府干预与企业资源

政府和国有上市公司的“父子关系”使这些公司获得外部财务资源时有很大便利性：更容易获得银行贷款且债务期限更长，有更多直接上市融资机会且更容易得到政府的专项资金补助和税收优惠。另外，在银行和企业产权均公有的制度环境下，债务契约的履约成本也被大大降低。新技术、营销网络、品牌等无形资源直接关系到企业能否持续稳定健康地发展，政府各部委高度重视推动企业无形资源建设，把增强企业自主创新能力作为国家科学技术发展的战略基点和调整产业结构、转变增长方式的中心环节。为此，政府从20世纪90年代初开始展开高新技术企业认定工作，并配套制定了财政、税收、金融、贸易等一系列优惠政策。2006年后又进一步扩大优惠范围，非高新技术企业的研发费用也可税前加计扣除、给予财政补贴和资金奖励。同时，政府从改革开放初期就高度重视推进企业品牌战略，先后形成了“中国名牌产品”、“国家免检产品”、“中国驰名商标”、“中华老字号”等国家品牌战略体系，并对入选品牌实施了特殊保护和优先支持等多种扶植鼓励政策。厂房、设备等实物资源作为投资领域中最普遍的资源形态，不仅对GDP增长具有直接的推动作用，而且可视性强、用途易判断且价值易评估，容易彰显政绩。因此，在资本要素相对稀缺的大多数转型经济国家，政府对国有企业实物资源投资的干预动机相当强烈。我国各级政府基于社会目标、政绩目标和地方福利目标的综合权衡，干预国有企业实物资源投资的经济动机与政治动机同时存在。特别是近几年，政府采取积极财政政策，加大实物资源投资力度，拉动国民经济高速增长，使企业掌控的实物资源大幅度增加。因此本书提出假设：

H4-4：政府干预与企业无形资源、实物资源、财务资源丰富度正相关。

3. 内部人控制与企业资源

内部人掌握着剩余控制权与部分剩余索取权，使他们有强烈的愿望大量增加可自由支配的财务资源，构建“企业帝国”和扩大在职消费及提高社会地位。基于此动机，即便企业不需要融资，他们仍存在强烈的融资饥渴。一方面，监督约束和激励机制不到位时，内部人控制程度高，必然导致股权融资偏好：股权融资没有还本付息的压力，不会引起企业破产风险，使其不受约束地扩张企业和稳定享有在职消费成为可能；股权融资的比例提高可进一步强化内部人控制；通过实施低股利分配政策，还可以将大量净利润留存在企业内部。另一方面，政府对国有企业的各种优惠政策起到了为公司提供隐性担保的作用，为企业从银行金融机构获取贷款提供便利，且“父爱主义”使预算约束软化普遍存在（科尔奈，1979），使本身具有公司治理效应的负债融资，也因特殊制度环境的影响，难以发挥对负债公司及其内部人行为的监控和约束。王乔、章卫东（2005）和肖作平（2008）都证实内部人为追求自身利益最大化有强烈动机增加手中的现金流量。

国有上市公司缺乏对内部人持续投资于无形资源的长期激励。其一，国有企业的高管薪酬制度带有较浓重的行政管理和政府干预色彩（陈信元等，2005），无形资源投资成本高、风险大、回收期长，且难以定量考核，很难激励内部人有足够动力从事无形资源投资。其二，按会计准则规定研发和销售支出往往计入期间费用，直接冲减利润，由于国有企业仍然承担着众多的政策性负担（Fan、Wang 和 Zhang，2007），内部人基于短期业绩考虑，往往会牺牲回报期较长的无形资源投资。其三，无形资源的创新型投资中，企业须花更多的人财物调研，承担更多创新投资市场风险，内部人还将承担失败的舆论压力与行政风险。正因为无形资源投资金额多、见效慢和缺乏足够的激励约束，面临投入选择时，内部人往往会从自身利益出发，出现道德风险和逆向选择：他们宁愿把更多的钱花费在业务招待费、住房福利等日常开销上，也不愿用于无形资源构建。公司规模一定时，期间费用中的其他项目支出多了，无形资源投入势必会被挤压。

内部人利益与公司规模正相关，通过实物资源投资扩大企业规模符合他们的个人利益，这种行为特征难免会带来投资行为的盲目性和短期性。Jensen 的自由现金流理论也证实，内部人可能为了自己的最佳利益使用自由现金流进行一些净现值为负的项目，出现实物资源过度投资。同时国有企业的内部人都由政府任命，他们出于固守职位和未来升迁的需要，也可能迎合政府通过增加厂房、设备等实物资源投资拉动经济增长、解决就业等目标，由此导致企业实物资源的过度增长。因此本书提出假设：

H4-5：内部人控制与企业财务资源、实物资源丰富度正相关，与企业无形资源丰富度负相关。

根据前文分析，政府和内部人掌控了企业资源，企业资源配置又会对多元化类型产生影响，因此企业的关键资源可能成为政府和内部人影响企业多元化并购的中介变量。因此本书提出假设：

H4-6：企业的财务资源、无形资源、实物资源是政府干预和内部人控制影响多元化并购类型的中介变量。

第二节　研究方法与设计

一、研究方法

根据前文分析，政府干预和内部人控制可能以资源为中介影响企业多元化并购决策。在经济学研究中，如果因变量 Y 受自变量 X 影响，变量 M 受 X 影响，而且 M 又进一步影响 Y，则定义 M 为中介变量，可以使用中介效应的检验方法来验证 M 的中介作用。

常用的中介效应检验步骤如表 4-1 和图 4-1 所示。

表 4-1　中介效应检验步骤

步骤	回归方程	回归系数显著性检验	说明
1	$Y = cX + e_1$	c	若 c 不显著，停止检验
2	$M = aX + e_2$	a	
3	$Y = c'X + bM + e_3$	c′、b 显著	应满足 $c' < c$

自变量 X 和因变量 Y 的相关性是中介效应存在的前提条件，若第 1 步检验中 c 不显著，说明不存在中介效应，后续检验无须进行。第 2 步、第 3 步检验中，若 a、b 都显著，证明中介效应存在；若 a、b 中至少有一个不显著，需要进

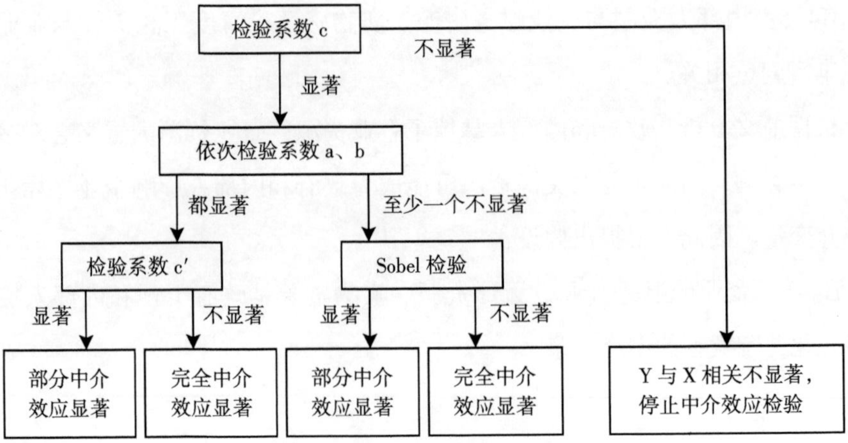

图 4-1　中介效应检验步骤

行 Sobel 检验，Sobel 检验显著，存在中介效应。

中介效应度量可以用回归系数差异（c－c′）或系数乘积（ab）两种方法，在不同条件下，学者发现各个统计检验指标上系数乘积都优于系数差异，因此本书使用系数乘积（ab）来衡量中介效应。如检验证实存在部分中介效应，此时总效应（c）= 直接效应（c′）+ 间接效应（ab）。中介效应程度一般用相对值 ab/c 或 ab/（c′＋ab）表示，即中介效应占总效应的比例。

需注意的是，分类变量（Y）、连续中介变量（M）和自变量（X）的中介效应模型中，M 对 X 的回归系数是连续变量的量尺，Y 对 M 的回归系数是 Logit 量尺，这和 Y 对 X 的回归系数都不在相同的尺度上，此时不能简单采用连续变量中介效应的处理方式，直接计算出 ab 或 c′－c 作为中介效应，而要将不同回归方程得到的系数予以标准化，解决其可比性问题（刘红云等，2013）。转换方法如下：

$$b^{std} = b \times \frac{SD(M)}{SD(Y'')}; \tag{4-1}$$

$$c^{std} = c \times \frac{SD(X)}{SD(Y')}; \tag{4-2}$$

$$c'^{std} = c' \times \frac{SD(X)}{SD(Y'')}; \tag{4-3}$$

b^{std}、c^{std} 和 c'^{std} 分别表示由 Logit 单位的系数转换来的标准化系数，SD（X）和

SD(M) 根据原始数据计算，SD(Y′) 和 SD(Y″) 根据 MacKinnon（2008）的方法计算：

$$\mathrm{var}(Y') = c^2\,\mathrm{var}(X) + \pi^2/3 \tag{4-4}$$

$$\mathrm{var}(Y'') = c'^2\,\mathrm{var}(X) + b^2\,\mathrm{var}(M) + 2c'b\,\mathrm{cov}(X,\ M) + \pi^2/3 \tag{4-5}$$

其中，$\pi^2/3$ 是标准 Logistic 分布的方差。将式（4-4）和式（4-5）代入式（4-1）到式（4-3）中，可计算出标准化的回归系数，进而利用系数乘积法或系数差异法计算中介效应的大小及程度。Sobel 检验统计量 $Z = ab/SE(ab^{std}) = ab/\sqrt{(a^{std})^2(SE(b^{std}))^2 + (b^{std})^2(SE(a^{std}))^2}$，判断统计量 Z 显著性的临界值为 0.97（MacKinnon，2002）。

二、变量定义

1. 政府干预（Gov）

现有文献对政府干预的度量方法主要有四种：①樊纲、王小鲁构建的地区市场化进程指数体系；②公司国有股比例加上法人股比例；③地方财政支出占当地 GDP 指标的比率；④终极产权人的性质。对中央国有上市公司而言，所在地的地方政府对其影响较弱，所以本书使用公司的国有股和法人股比重之和作为政府干预程度的替代指标。考虑法人股是因为法人股较大程度上仍反映了政府对上市公司的间接控制，刘芍佳等（2003）也证实了超过 84%的法人股事实上都最终控制在政府手中。李善民、朱滔（2006）等研究政府干预对并购影响时都同时考虑了国有股和法人股。

2. 内部人控制（Ins）

现有文献对内部人控制的度量方法有四种：①内部董事人数/董事会成员总数；②总经理与董事长是否两职合一；③高管前三名薪酬总额的对数；④前十大股东持股比例的平方。我们认为，国有上市公司很多重大问题的决策都由董事会做出，管理者也由董事会提名并任命，而且国有上市公司中董事和高级管理人员相互兼职现象非常严重，导致董事在拥有公司重大事项决策权的同时还能直接参与生产经营活动。董事会丧失应有作用，削弱对管理人员的有效监督与制约，形成公司监督机制的缺陷。因此，公司内部董事成为拥有实际控制权的内部人，内部人控制往往表现为内部董事和高管相互勾结，利用代理身份，违背、侵犯股东的意志和利益。所以，本书采用内部董事比例来衡量的内部人控制程度，其中，内部董事主要是指董事会中在公司内部工作并领取报酬的董事。钱颖一、何浚（1998）使用此指标对我国上市公司内部人控制较早进行实证研究，证监会 2009 年对上市公司内部人控制问题进行抽样调查时也采用了此指标。

3. 财务资源（Fin）

本章关注的财务资源主要为企业从外部融入的资金。企业常把长期负债筹得的资金用于扩大经营规模，长期负债在负债总额中比重越大，用于并购的外部财务资源越充足和稳定。另外，企业还可通过增发、配股获得外部财务资源。因此，本书选用（并购前一年末长期借款+并购前一年末应付债券+企业自上市至多元化宣告日之前增发和配股募集资金净额总量）/总资产来反映企业财务资源丰富度。

4. 无形资源（Int）

企业的无形资源包括研发能力、营销能力、品牌、专有技术等，2008 年之前上市公司执行的会计准则中无形资产包括公司拥有的专利权、非专利技术、商标权、商誉等项目，几乎可以涵盖本书无形资源的内容，因此 2009 年之前的样本用并购前一年无形资产/总资产衡量企业无形资源的丰富度和在企业中的重要程度。但新会计准则将商誉从无形资产中独立出来，因此 2009 年之后的样本用并购前一年的（无形资产+商誉）/总资产作为无形资源的代理变量。

5. 实物资源（Phy）

实物资源主要指固定资产、存货等具有实物形态的非货币性资产。李善民、周小春（2007）曾研究企业资源对并购战略类型选择的影响，以固定资产比率作为实物资源度量指标。我们认为企业通过多元化战略可转移的实物资源除固定资产外还有大量存货，固定资产和存货越富足企业可供转移到新行业的产品或服务的剩余资源越丰富，因此本书对他们的实物资源计量指标加以扩展，选择并购前一年的（固定资产+存货）/总资产作为实物资源的代理变量。

6. 多元化并购类型（Typ）

查阅上市公司并购公告，如公告明确表示实行多元化经营，本书将其直接定义为多元化并购。如公告未明确并购目的，若交易双方主营业务 CSRC 行业大类代码（单字母加两位数字编码）不同，则定义为多元化并购，否则作为同业并购予以剔除。对多元化并购类型进一步细分，公告明确说明行业相关或行业具备纵向关联的并购界定为相关多元化并购，多元化并购类型取 1，反之则为无关多元化并购，并购类型取 0。

7. 控制变量

为避免变量遗漏导致模型设定存在误差，在回归模型中加入并购前公司业绩（Roe）、公司成长性（Growth）、公司规模（Size）、公司财务风险（Dfl）、股权集中度（Cen）五个控制变量。考虑到并购事件分布在多个年度内，属于独立混合横截面数据，具有跨时期的特点，在回归分析中引入了年度哑变量（Year）来消除时间的影响，此外还考虑到行业特质性对公司并购类型的影响，引入行业哑变量（Ind）。样本涉及 12 个行业，因而在模型中共设置 11 个行业哑变量。

各变量定义如表 4-2 所示。

表 4-2 变量定义

变量名称	变量符号	变量定义
多元化并购类型	Typ	相关多元化并购取 1，无关多元化并购取 0
财务资源	Fin	（并购前一年末长期借款 + 并购前一年末应付债券 + 企业自上市至多元化宣告日之前增发和配股募集资金净额总量）/总资产
无形资源	Int	并购前一年末无形资产/总资产
实物资源	Phy	并购前一年末（固定资产 + 存货）/总资产
政府干预程度	Gov	国有股比例和法人股比例之和
内部人控制程度	Ins	内部董事人数/董事会成员人数
并购前公司业绩	Roe	并购前一年末净资产收益率
公司成长性	Growth	并购前一年末主营业务收入增长率
公司规模	Size	并购前一年末公司总资产的自然对数
公司财务风险	Dfl	并购前一年末财务杠杆系数
股权集中度	Cen	并购前一年末前五大股东持股比例之和
年度哑变量	Year	根据样本（03–12）年限设 9 个年度哑变量
行业哑变量	Ind	根据样本所处 12 个行业设 11 个行业哑变量

综上所述，本章研究的政府干预、内部人控制对多元化并购影响路径的主要逻辑及变量关系总结如图 4-2 所示。

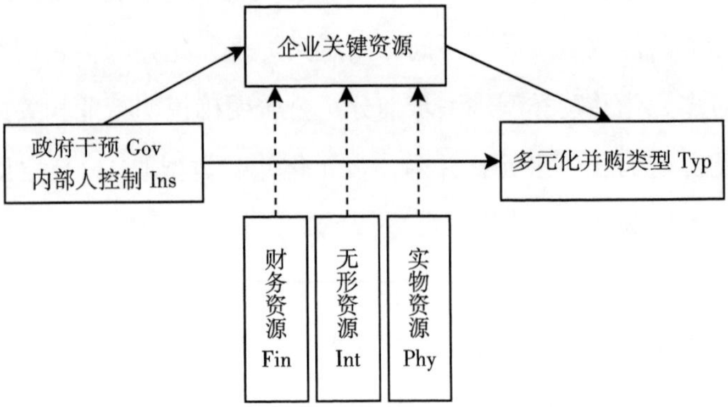

图 4-2　政府干预、内部人控制对多元并购影响路径的理论逻辑

三、模型设计

政府干预、内部人控制对多元化并购类型的影响为：

$$\mathrm{Logit}(\mathrm{Typ}) = \beta_0 + \beta_1\mathrm{Gov} + \beta_2\mathrm{Ins} + \beta_3\mathrm{Roe} + \beta_4\mathrm{Growth} + \beta_5\mathrm{Size} + \sum\mathrm{Year} + \sum\mathrm{Ind} + \varepsilon \tag{4-6}$$

企业资源对多元化并购类型的影响为：

$$\mathrm{Logit}(\mathrm{Typ}) = \beta_0 + \beta_1\mathrm{Fin} + \beta_2\mathrm{Int} + \beta_3\mathrm{Phy} + \beta_4\mathrm{Roe} + \beta_5\mathrm{Growth} + \beta_6\mathrm{Size} + \sum\mathrm{Year} + \sum\mathrm{Ind} + \varepsilon \tag{4-7}$$

政府干预、内部人控制对企业资源影响为：

$$\mathrm{Fin/Int/Phy} = \beta_0 + \beta_1\mathrm{Gov} + \beta_2\mathrm{Ins} + \beta_3\mathrm{Roe} + \beta_4\mathrm{Growth} + \beta_5\mathrm{Size} + \sum\mathrm{Year} + \sum\mathrm{Ind} + \varepsilon \tag{4-8}$$

政府干预、内部人控制以资源为中介对多元化并购类型的影响为：

$$\mathrm{Logit}(\mathrm{Typ}) = \beta_0 + \beta_1\mathrm{Gov} + \beta_2\mathrm{Ins} + \beta_3\mathrm{Fin} + \beta_4\mathrm{Int} + \beta_5\mathrm{Phy} + \beta_6\mathrm{Roe} + \beta_7\mathrm{Growth} + \beta_8\mathrm{Size} + \sum\mathrm{Year} + \sum\mathrm{Ind} + \varepsilon \tag{4-9}$$

第三节 样本选取与数据来源

选取首次公告日在2003~2012年6月的A股上市公司股权收购事件作为初始样本，进行以下筛选：

首先，剔除终极控制人为非国有控股的公司。本书要同时研究政府干预与内部人控制，非国有控股的公司受政府干预影响较弱，且内部人控制根源在于国有股东主体缺位，非国有控股的公司中内部人控制现象不显著，因此剔除非国有控股公司。

其次，剔除并购比例小于被并企业全部股权20%且没有获得控制权的样本和并购未成功的样本。

再次，剔除金融类上市公司以及相关数据不全或为异常值的公司。

最后，对于同一公司同一年发生多笔多元化并购交易的情况，如果标的公司相同，合并为一个样本；如果标的公司不同，选取金额最大的一笔交易；对于同一公司不同年份发生的多元化并购，则作为不同样本。

筛选后共得到多元化并购样本756个，涉及12个行业。本书数据来源于CSMAR、CCER数据库和上市公司并购公告。数据处理使用SPSS21。

第四节　描述性统计

一、样本描述性统计

1. 分年度描述性统计

从表 4-3 和图 4-3 可看出，10 年间样本公司多元化并购数量出现一个先增后减再增的趋势。2003~2005 年多元化并购数量呈现逐年迅速上升趋势，2006~2007 年陡然下降，可能因为一方面这段时间国有上市公司正忙于股权分置改革，无过多精力从事工程浩大的多元化并购活动；另一方面股权改革期间各方面对上

表 4-3　样本分年度描述性统计

年份	2003	2004	2005	2006	2007	2008	2009	2010	2011	2012.6	合计
相关多元化并购	35	37	52	38	23	43	39	38	52	31	388
无关多元化并购	38	45	64	34	26	27	35	33	42	24	368
合计	73	82	116	72	49	70	74	71	94	55	756

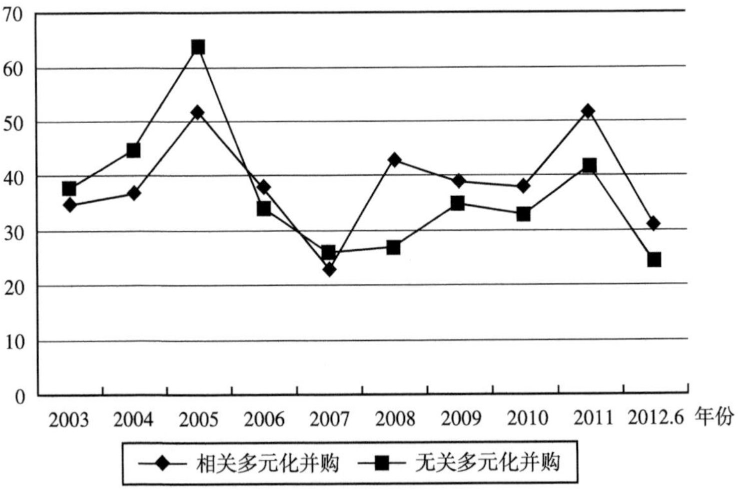

图 4-3　样本年度分布图

市公司尤其是国有股东、管理层的高度关注，也可能一定程度上抑制了行政主导型多元化并购和内部人通过多元化并购实现个人利益最大化。2008 年股改完成后，多元化并购数量又迅速恢复逐年上升态势。

2. 分行业描述性统计

如表 4-4 和图 4-4 所示，样本共涉及 12 个行业，其中农林牧渔、采掘、制造、建筑、交通运输仓储和文化传播业样本公司更倾向于相关多元化并购，但电力煤气及水的生产制造、社会服务、信息技术、批发零售、房地产和综合类 6 个

表 4-4 样本行业分布

行业	农林牧渔	采掘	制造	电力煤气及水的生产制造	建筑	交通运输仓储	信息技术	批发零售	房地产	社会服务	文化传播	综合	合计
相关多元化并购	14	31	174	17	22	31	22	23	15	10	11	18	388
无关多元化并购	11	2	146	25	18	11	30	37	18	26	4	40	368
合计	25	33	320	42	40	42	52	60	33	36	15	58	756

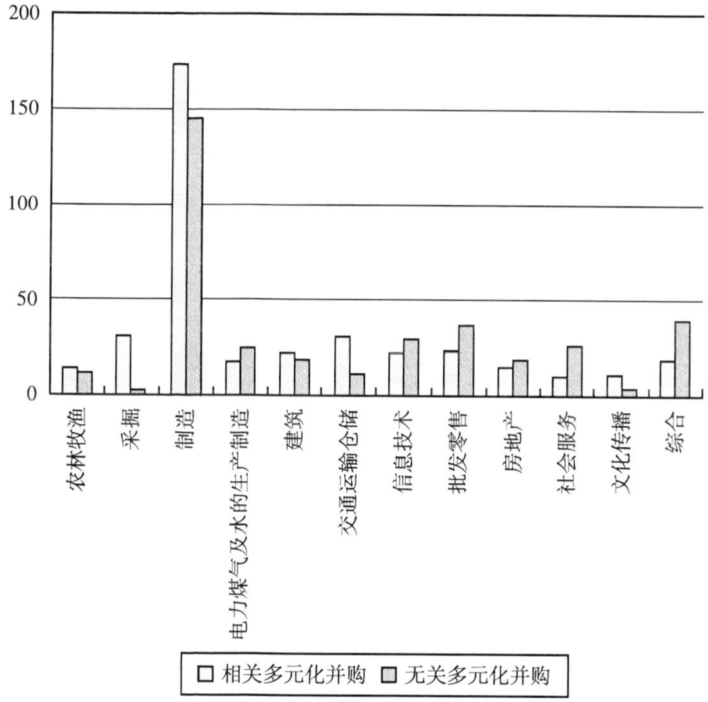

图 4-4 样本行业分布图

行业的样本公司更倾向于无关多元化并购。其中社会服务、电力煤气及水的生产制造和信息技术业的无关多元化并购数量分别是相关多元化的 2.6 倍、1.47 倍和 1.36 倍，这可能是因为社会基础设施和社会服务事业关系国计民生，为了国民基本生活和经济社会稳定，政府往往通过干预这些企业的并购活动以实现社会管理目标，而且这些企业国有股所占比例大，政府干预能力也较强。另外综合类上市公司的无关多元化并购数量是相关多元化的 2.22 倍，说明综合类公司在利用并购组建大型企业集团。

二、变量描述性统计

表 4-5　变量描述性统计

	N	最小值	最大值	中值	标准差
Fin	756	-12.1918	12.0573	0.5899	1.8449
Int	756	0.0077	0.4066	0.0368	0.0489
Phy	756	0.0052	0.9075	0.4326	0.1736
Typ	756	0.0000	1.0000	0.5100	0.5000
Gov	756	0.0051	0.9750	0.3818	0.2473
Ins	756	0.1250	1.0000	0.5607	0.2480
Roe	756	-1.2904	0.5558	0.0893	0.1225
Growth	756	-0.8435	38.1197	0.3738	1.5790
Size	756	18.6433	26.9782	22.0097	1.2990

第五节　实证结果

如表 4-6 所示，政府干预（Gov）与多元化并购类型（Typ）的正相关系数在 1%水平下显著，证实政府干预提高了企业相关多元化并购的可能性，接受 H4-1a，拒绝 H4-1b。内部人控制（Ins）与多元化并购类型的负相关系数在 1%水平下显著，说明内部人控制提高了企业无关多元化并购的可能性，接受 H4-2。模型（4-6）中的政府干预、内部人控制与多元化并购的相关关系得到验证，可以

表 4-6 政府干预、内部人控制对多元化并购类型影响 Logistic 回归结果

自变量 \ 因变量	(4-6) Typ
常量	-7.236*** (25.766)
Gov	1.699*** (12.675)
Ins	-1.110*** (6.170)
Roe	0.237 (0.590)
Growth	0.007 (0.014)
Size	0.312*** (23.732)
Dfl	0.000 (0.000)
Cen	0.023 (0.002)
卡方	41.636
McFadden R-squared	0.179
观测值	756

注：括号内数字为 Wald 值；*** 代表在 1%的水平下显著。

进行后续中介效应检验。

如表 4-7 所示，财务资源（Fin）与多元化并购类型（Typ）的相关系数为 0.036，未通过显著性检验。说明财务资源与多元化并购类型没有显著相关关系，有悖于“相关性优势假说”，这可能因为财务资源扩张性最强，可支持任何一种多元化并购战略，也从侧面说明外部融资约束并未在限制企业投资活动方面取得实质效果。无形资源（Int）、实物资源（Phy）与多元化并购类型的正相关系数都在 1%水平下通过显著性检验，证实这两类资源与相关多元化并购显著正相关，H4-3 得到支持。而且无形资源的相关系数大于实物资源相关系数，可能是由于无形资源转移的便利性，导致其对相关多元化并购的影响程度大于实物资源。

表 4-7　企业资源对多元化并购类型影响 Logistic 回归结果

自变量 \ 因变量	(4-7) Typ
常量	-5.792*** (17.913)
Fin	0.036 (0.731)
Int	2.766*** (3.055)
Phy	1.819*** (7.166)
Roe	0.650 (2.149)
Growth	0.029 (0.273)
Size	0.249*** (15.757)
Dfl	-0.002 (0.026)
Cen	0.011 (0.001)
卡方	39.3
McFadden R-squared	0.168
观测值	756

注：括号内数字为 Wald 值；*** 代表在 1%的水平下显著。.

如表 4-8 所示，政府干预（Gov）与企业财务资源（Fin）、实物资源（Phy）的正相关关系分别在 1%和 5%显著性水平下通过检验，部分验证了 H4-4。与企业无形资源（Int）在 10%水平下显著负相关，H4-4 中政府干预与无形资源的正相关关系未被证实。这可能因为，大多数样本属于地方国有上市公司（占样本总数的 66.93%），虽然中央政府鼓励企业加强无形资源投资，但无形资源投资的高度不确定性和周期长特点，难以达到地方政府以 GDP 为中心的晋升考核制度的短期目标要求，在市场化程度和资本积累较低的地区，地方政府为把有限资金集中用于经济效益快、吸纳就业多、凸显政绩的实物投资，直接或间接迫使地方国有上市公司减少或推迟无形资源方面的投入。同时，政府对国有企业在市场竞争方面的保护（各种优惠政策、政策性订货、盈利机会及直接投资等）使国有企业面临的市场竞争激烈程度小于非国有企业，大大钝化了其提升营销能力和专业化技能创新投资的市场敏感性。

内部人控制（Ins）与企业财务资源（Fin）在5%水平下显著正相关、与无形资源（Int）在10%水平下显著负相关，与企业实物资源（Phy）的负相关关系不显著，部分支持H4-5。内部人控制与企业实物资源之间呈负相关关系，这可能源于随着内部人控制程度加强，政府通过推动企业实物资源投资来迎合其政治目标的能力被削弱，此时内部人也不愿意实物资源占用过多企业资金，而宁愿掌控更多财务资源。

表 4-8 政府干预、内部人控制对企业资源影响多元回归结果

自变量 \ 因变量	(4-8)		
	Fin	Int	Phy
常量	-3.082*** (-2.670)	0.080*** (2.577)	-0.162 (-1.495)
Gov	0.174*** (4.128)	-0.013* (-1.793)	0.064** (2.542)
Ins	0.046** (2.417)	-0.014* (1.935)	-0.002 (-0.064)
Roe	0.711 (1.299)	0.020 (1.333)	-0.122** (-2.370)
Growth	-0.427** (-1.985)**	0.001 (0.445)	-0.001 (-0.367)
Size	0.109** (2.448)	-0.002 (-1.446)	0.027*** (5.450)
Dfl	-0.006 (0.495)	0.000 (-0.777)	0.001 (0.770)
Cen	0.352 (0.874)	-0.008 (-0.739)	-0.011 (-0.300)
F 值	20.213***	31.528***	25.247***
调整后 R 方	0.113	0.143	0.127
观测值	756	756	756

注：括号内的数字为t值；***、**、*分别代表在1%、5%和10%的水平下显著。

表4-9中，政府干预（Gov）、内部人控制（Ins）、无形资源（Int）与多元化并购类型（Typ）的相关系数都通过显著性检验，且符合政府干预、内部人控制通过企业资源影响多元化并购的中介条件（相关系数 1.069<1.699、-1.207<-1.110），由此可以认为无形资源在政府干预、内部人控制对多元化并购影响的过程中发挥

表 4-9 政府干预、内部人控制、企业资源对多元化并购影响 Logistic 回归结果

自变量 \ 因变量	(4-9) Typ
常量	-6.815*** (22.633)
Gov	1.069*** (11.534)
Ins	-1.027*** (3.447)
Fin	0.045 (1.145)
Int	2.435** (3.317)
Phy	0.521 (1.346)
Roe	0.801 (2.779)
Growth	0.015 (0.072)
Size	0.285*** (18.987)
Dfl	-0.001 (0.009)
Cen	0.014 (0.001)
卡方	51.668
McFadden R-squared	0.188
观测值	756

注：括号内数字为 Wald 值；***、** 分别代表在 1%、5%的水平下显著。

了部分中介效应。财务资源（Fin）和实物资源（Phy）与 Typ 相关系数未通过显著性检验，根据图 4-1 还需进行 Sobel 检验，主要是检验统计量 Z 的显著性（见表 4-10），以最终确定中介效应是否存在。为解决回归方程系数量尺不同导致的

表 4-10 Sobel 检验

变量	路径	Z 值	是否显著
Fin	Gov-Fin-Typ	0.32123	不显著
	Ins-Fin-Typ	0.24744	不显著
Phy	Gov-Phy-Typ	1.0513	显著
	Ins-Phy-Typ	1.4233	显著

不可比问题，下文将对回归系数进行方差校正，即标准化，使系数的量尺与标准化的预测变量单位保持一致。

综上，模型（4-6）和模型（4-7）分别是政府干预、内部人控制对多元化并购类型和企业资源的回归结果，模型（4-9）是加入企业资源中介变量后，政府干预、内部人控制对多元化并购类型的回归结果。研究结果表明：加入资源变量后，政府干预、内部人控制对多元化并购类型的影响依然在 1%水平下显著相关，且模型（4-9）的拟合度 R^2=0.188，高于模型（4-6）的拟合度 R^2=0.179，符合中介效应存在的前提条件。无形资源在模型（4-7）中对政府干预和内部人控制的相关系数，以及模型（4-9）中对多元化并购类型的相关系数都通过了显著性检验，证实无形资源在政府干预和内部人控制影响多元化并购的过程中发挥了部分中介效应；实物资源在模型（4-7）中与政府干预具有显著相关关系，与内部人控制关系不显著，以及模型（4-9）中与多元化并购类型的相关系数不显著，但 Sobel 检验结果具有显著性，证实实物资源也发挥了部分中介效应，H4-6 被部分证实。财务资源虽与政府干预、内部人控制有显著相关关系，但在模型（4-7）和模型（4-9）中与多元化并购类型的关系都不显著，且未通过 Sobel 检验，证明财务资源的中介效应并不显著。

第六节 稳健性检验

一、研究方法与变量设计

由于回归模型只能处理有观测值的显变量，政府干预、内部人控制和企业资源均属于较抽象的潜变量，用单一指标计量往往存在较大测量误差。结构方程模型方法不仅能同时评价政府干预、内部人控制、企业资源和多元化并购类型四个变量间多维和相互关联的关系，而且可以解决无法直接、准确计量只能由不同指标从侧面反映所包含的测量误差问题。因此本章使用结构方程模型方法进行稳健性检验。构建的变量间关系的结构方程模型框架如图 4-5 所示。为确保测量工具的信度和效度，本书设计变量时尽量采用国内外文献已使用过的指标，再根据研究目的加以调整。稳健性检验变量的定义见表 4-11。

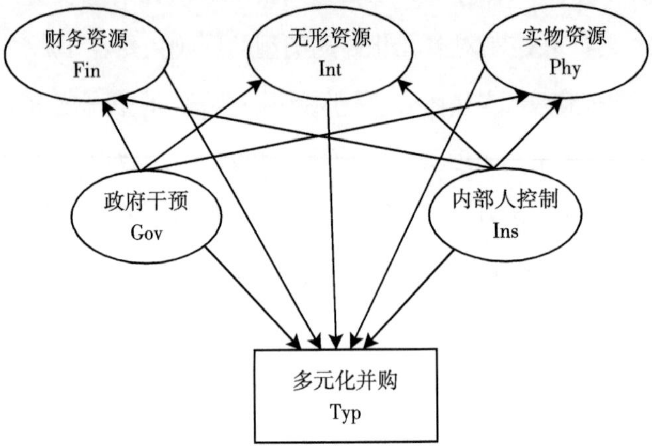

图 4-5　政府干预、内部人控制、企业资源和多元化并购类型的关系框架

表 4-11　稳健性检验变量定义

潜变量	可测变量	变量定义
政府干预（Gov）	最终控制人类型	最终控制人为中央政府取 0；最终控制人为地方政府取 1
	国有股东控制力	第一大股东持股比例
	控股方式	第一大股东为经营性公司为间接控制取 0；第一大股东为政府机构、非营利组织或国有资产经营管理公司等非实质性经营单位为直接控制取 1
	市场化程度	公司所在注册地市场化程度总指数①
	董事长、总经理政府背景	董事长或总经理没有在任何政府或军队任职取 0；现在或曾经在政府或军队任职取 1

① 来源于樊纲、王小鲁等（2011）公布的并购当年各地区“市场化程度总指数”。该指数目前只更新到 2009 年，考虑指标具有一定的延续性，本书对 2010 年之后并购样本所需数据用 2009 年的指数得分替代。

续表

潜变量	可测变量	变量定义
内部人控制(Ins)	内部董事比例	内部董事人员/董事会成员人数
	两职兼任	没有两职兼任取 0；总经理兼任董事长取 1
	内部人薪酬利润率	(上市公司高管人员薪酬董事报酬总额-独立董事报酬总额)/本年度公司净利润
	内部人均在职消费	Ln（内部人在职消费金额[①]/内部人人数）
	董事长或总经理任期	Ln（总经理或董事长上任时间到报告年度时间月数 *）[②]
财务资源(Fin)	每股留存收益	t－1 年末留存收益/总股数
	长期负债比	t－1 年末（长期借款＋应付债券）/负债总额
	增发配股比	企业自上市至多元化宣告日之前增发和配股募集资金净额总量/t－1 年末总资产
无形资源(Int)	无形资产比	t－1 年末无形资产/t－1 年末总资产
	广告支出强度	t－1 年销售费用/t－1 年主营业务收入
	研发支出强度	t－1 年研发支出/t－1 年主营业务收入
实物资源(Phy)	固定资产和存货比	t－1 年末（固定资产净额+存货净额）/t－1 年末总资产
	固定资产周转率	t－1 年销售收入/t－1 年平均固定资产净值
	存货周转率	t－1 年销售成本/t－1 年平均存货余额

二、结构方程模型识别

在理论模型估计之前，应该确保其结构方程模型是可识别的。结构方程模型的识别，是判定模型中每一个待估计的参数（自由参数）是否能由观测数据求出唯一的估计值。如果方程中的自由参数有一个不能由观测数据估计得到，则方程不可识别；如果都能得到，则可以识别。可以识别包括恰好识别和过度识别。

要使结构方程模型为恰好识别和过度识别，应当遵循 $t \leq \frac{n(n+1)}{2}$ 的原则，其中 t 为估计的参数项目，n 为显在变量的数目。本章所设立模型（初始模型）中，可测变量共 19 个，待估计参数 11 个，根据 t 法则：$t = 11 < \frac{19 \times (19+1)}{2} = 190$，为过度识别模型。表明结构方程模型具备可以识别的必要条件。具体情况如图 4-6 所示。

---

① 对 2007 年之前的样本，用管理费用扣除董事、监事和高级管理人员年度报酬总额、本年计提的存货跌价准备、坏账准备和本年无形资产摊销等明显不属于在职消费的项目，作为内部人在职消费代理变量。2007 年后的样本采用管理费用扣除董事、监事和高级管理人员年度报酬总额和无形资产摊销后的金额作为内部人在职消费代理变量。

② 取董事长或总经理两者中任期较长者。

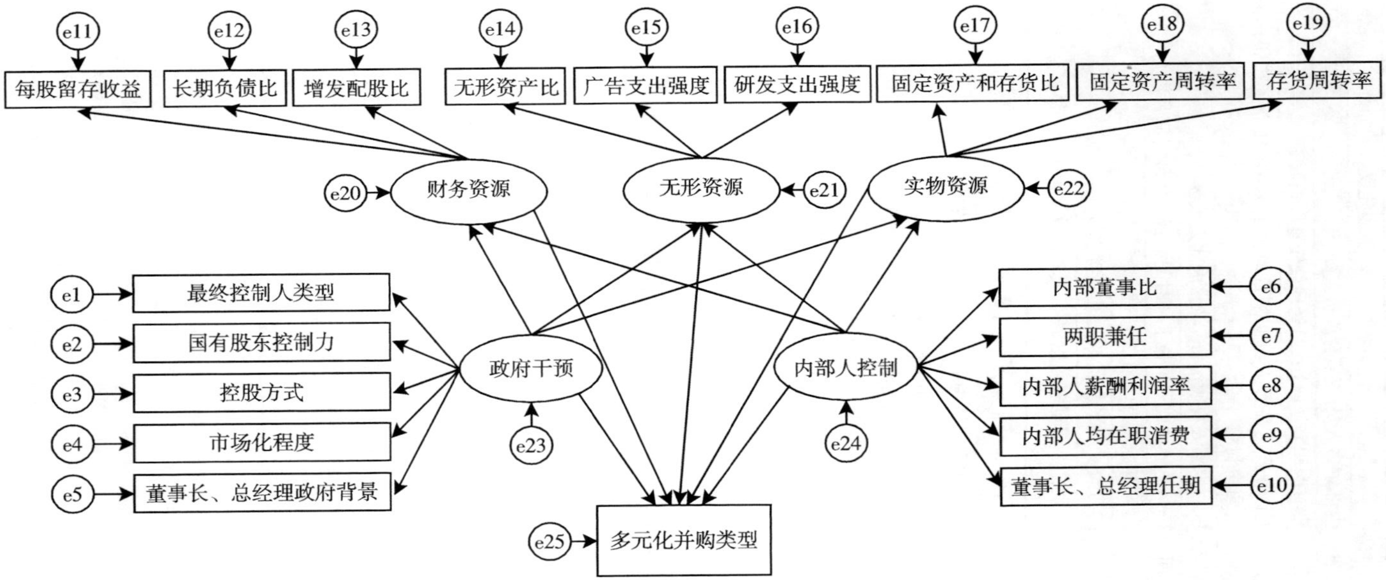

图 4–6　政府干预、内部人控制、企业资源和多元化并购类型的结构方程模型

三、信度和效度检验

为确保设定模型验证有效性，须对各组成变量进行信度和效度检验。

信度是指测量数据一致性或稳定性的程度。一致性主要反映各个指标是否测量了相同的内容或特质，又称为内在信度。稳定性是指在不同时点进行测量时结果的稳定程度，又称为外在信度。本书针对政府干预这一潜在变量选取 Property、Power、Patten、Level 和 Background 五个可测变量，参考了以往相关文献中较为公认的研究成果，一致性和稳定性较高。因此不需进行信度检验，只要进行效度检验。表 4-12 所示变量效度分析，各指标之间 KMO 值均大于 0.7，巴特利球形统计值的显著性水平小于 0.001，说明指标之间存在相互关联性，具有结构效度，整体指标之间适合进行主成分分析以确定相互具体关系。

表 4-12　KMO 和巴特利球形检验

政府干预	KMO 值		0.753
	巴特利球形检验	近似卡方值	2346.358
		自由度	15.000
		显著性	0.000
内部人控制	KMO 值		0.802
	巴特利球形检验	近似卡方值	900.215
		自由度	10.000
		显著性	0.000
企业资源	KMO 值		0.762
	巴特利球形检验	近似卡方值	2786.341
		自由度	36.000
		显著性	0.000

表 4-13 中各指标因子载荷均大于 0.3，表明无因子载荷过低，收敛效度佳，各指标能较好地描述其相关的潜变量。潜变量的可靠性系数最小为 0.671，均大于 0.5，各指标较为可信，符合统计检验的要求。

表 4-13　指标的因子载荷系数及信度系数

模型要素及描述指标	因子载荷系数	Cronbach's Alpha
政府干预		0.676
最终控制人类型	0.51	
国有股东控制力	0.46	
控股方式	0.44	
市场化程度	0.39	
董事长或总经理政府背景	0.42	
内部人控制		0.723
内部董事比例	0.49	
两职兼任	0.55	
内部人薪酬利润率	0.57	
内部人均在职消费	0.36	
董事长或总经理任期	0.52	
财务资源		0.671
每股留存收益	0.57	
长期负债比	0.51	
增发配股比	0.52	
无形资源		0.758
无形资产比	0.48	
广告支出强度	0.49	
研发支出强度	0.41	
实物资源		0.774
固定资产和存货比	0.56	
固定资产周转率	0.38	
存货周转率	0.62	

四、模型拟合检验

本书基于对初始设定模型各成分要素的假设路径构建模型，通过 Amos21.0 软件对数据进行拟合运算后得到研究结果模型，其拟合指标见表 4-14。

表 4-14　模型拟合指标

CMIN	DF	CMIN/DF	CFI	GFI	NFI	RMSEA
852.194	231	3.689	0.812	0.843	0.807	0.074

从表 4-14 中的模型拟合指标可看到整体 CMIN/DF=3.689<5，CFI=0.812、GFI=0.843、NFI=0.807，均大于 0.8，RMSEA=0.074<0.08，均在可接受范围。整体模型拟合指标都满足评价标准。

五、稳健性检验结果

表 4-15 中路径系数表明：财务资源对多元化并购类型影响不显著，无形资源和实物资源对多元化并购类型具有显著正向影响。政府干预对企业财务资源、实物资源和多元化并购类型都具有正向显著影响、对无形资源有显著负向影响，内部人控制对企业财务资源具有显著正向影响，对无形资源、多元化并购类型有显著负向影响，对实物资源影响不显著。如表 4-16 所示，政府干预和内部人控制对多元化并购影响的总效果均大于直接效果，说明企业关键资源在政府和内部人影响多元化并购的过程中发挥了部分中介效应。政府干预的总效果系数绝对值大于内部人控制的总效果系数绝对值，证实在企业的多元化并购决策中，政府干预起到更大的主导作用。

稳健性检验的结果与前文基本一致，表明原结论稳健可靠。

表 4-15 路径系数表

假设	路径			标准化路径系数	SE	CR	P	结论
4-1a	多元化并购类型	←	政府干预	0.39	0.056	3.168	0.04	接受
4-1b								拒绝
4-2	多元化并购类型	←	内部人控制	-0.34	-0.054	3.002	0.06	接受
4-3	多元化并购类型	←	财务资源	0.28	0.034	1.759	0.11	接受
	多元化并购类型	←	无形资源	0.5	0.045	3.76	< 0.001	接受
	多元化并购类型	←	实物资源	0.48	0.066	3.513	< 0.001	接受
4-4	财务资源	←	政府干预	0.51	0.037	3.851	< 0.001	接受
	无形资源	←	政府干预	-0.33	0.047	2.485	0.09	拒绝
	实物资源	←	政府干预	0.43	0.042	3.357	< 0.001	接受
4-5	财务资源	←	内部人控制	0.47	0.075	3.413	< 0.001	接受
	无形资源	←	内部人控制	-0.41	-0.031	3.347	< 0.001	接受
	财务资源	←	内部人控制	-0.21	-0.041	1.759	0.15	拒绝

表 4-16 政府干预、内部人控制、企业资源对多元化并购类型影响效果比较

		财务资源	无形资源	实物资源	政府干预	内部人控制
政府干预	直接效果	0.51	-0.33	0.43	—	—
内部人控制	直接效果	0.47	-0.41	-0.21	—	—
多元化并购类型	直接效果	0.28	0.5	0.48	0.39	-0.34
	间接效果	—	—	—	0.18	-0.17
	总效果				0.57	-0.51

注：政府干预对多元化并购类型影响间接效果 = 0.51 × 0.28 + (-0.33) × 0.5 + 0.43 × 0.48 = 0.1842；内部人控制对多元化并购类型影响间接效果 = 0.47 × 0.28 + (-0.41) × 0.5 + (-0.21) × 0.48 = -0.17。

第七节 拓展性检验

考虑到政府干预可能对内部人行为存在影响，在政府强干预背景下，内部人为了稳固职位或官职晋升，更有可能对自身行为加以约束，本节进一步比较政府干预程度不同时，内部人控制对国有上市公司多元化并购类型的影响是否存在差异。

首先将国有上市公司按照政府干预程度由高到低排序，分为高政府干预组和低政府干预组两组，然后按照模型（4-6）对每组样本公司进行回归。相对于高政府干预组样本，如果低政府干预组样本中的内部人控制与多元化并购类型的负相关关系更加显著，那么就证实了政府干预具有抑制内部人控制影响多元化并购类型的功能。

从表 4-17 中可以看出，在政府干预程度较高的国有上市公司，内部人控制程度 Ins 与多元化并购类型的回归系数为-0.966，只在 10%水平下显著；而在政府干预程度较低的国有上市公司，内部人控制的回归系数为-1.165，在 1%的水平下显著。由此说明，受政府干预程度加强的影响，内部人操纵多元化并购类型的能力降低了，而政府干预程度的削弱，提高了内部人将自己的意愿转嫁给公司的倾向，政府干预可以在一定程度上抑制内部人控制对多元化并购类型的影响。

表 4-17　按政府干预程度分组的模型（4-6）回归结果

变量	高政府干预组	低政府干预组
常量	-7.132*** (20.455)	-7.056*** (23.542)
Gov	1.699*** (13.549)	0.937** (2.006)
Ins	-0.966* (1.301)	-1.165*** (2.470)
Roe	0.215 (0.842)	0.234 (0.756)
Growth	0.011 (0.076)	0.008 (0.023)
Size	0.308*** (19.632)	0.322*** (20.573)
Dfl	0.000 (0.000)	0.000 (0.000)
Cen	0.022 (0.005)	0.021 (0.003)
卡方	30.293	38.575
McFadden R-squared	0.121	0.132
观测值	378	378

注：括号内数字为 Wald 值；***、**、* 分别代表在 1%、5%和 10%的水平下显著。

第八节　本章小结

本章检验了政府干预、内部人控制对多元化并购类型的影响。研究发现：政府干预和内部人控制会显著影响企业多元化并购的类型，政府干预提高了国有上市公司相关多元化并购的可能性，内部人控制提高了无关多元化并购的可能性。在这一过程中无形资源和实物资源起到了部分中介作用，财务资源的中介效应不显著。对比政府干预和内部人控制的影响效果系数可以发现，政府在国有上市公司的多元化并购类型决策中起更大的主导作用。

第五章　政府干预、内部人控制与多元化并购偏好

企业对并购对象的选择往往要受制度环境的影响和制约。我国国有上市公司选择多元化并购对象时表现出对特定行业偏好、关联方偏好和同区域偏好三个典型特征。本章立足于我国经济转轨时期特殊的制度背景，实证检验政府干预、内部人控制与多元化并购偏好的相关关系，并进一步对比中央国有上市公司和地方国有上市公司多元化并购的不同偏好，验证中央和地方政府不同职能目标和管制策略对并购特征的影响。

第一节　理论分析与研究假设

一、政府干预、内部人控制与多元化并购的行业偏好

政府凭借国有企业股东和监管者的双重身份，对国有企业并购目标的选择具有相当大的话语权。2003 年中共十六届三中全会强调“推动国有资本更多投向关系国家安全和国民经济命脉的重要行业和关键领域”。国有资产监督管理委员会（以下简称“国资委”）2006 年发布《关于推进国有资本调整和国有企业重组指导意见》具体指出，要加强国有资本在军工、石油石化、电网电力、煤炭、电信、民航、航运七个行业的“绝对控制力”，和装备制造、钢铁、汽车、电子信

息、建筑、有色金属、化工、勘察设计、科技九个行业的“较强控制力”（以下简称控制行业）。此后《国务院关于促进企业兼并重组的意见》明确要通过企业兼并重组，加快国有经济布局和结构的战略性调整。中央 11 部委在《关于加快推进重点行业企业兼并重组的指导意见》中强调，鼓励大型骨干企业通过对重点行业的兼并重组延伸产业链，培育一批具有国际竞争力的大型企业集团。这一系列文件体现了中央政府对国有经济结构调整的战略部署，政府以宏观调控为名加强对微观经济活动的干预，支持优势国有企业通过跨行业并购重组向重要行业和领域集中，做大做强的政策导向相当明显。

控制行业由于关系到国民经济命脉和国家安全，本身进入门槛较高，产权交易需要经过政府严格且复杂的审批手续，离开政府的支持对它们的并购很难顺利展开。同时，控制行业的发展本身依赖较强的技术和自然资源，政府也需要依托上市公司的优质资源和禀赋，加快控制行业的发展步伐。因此，不管中央还是地方政府都有动机干预其控制的优势国有上市公司通过多元化并购进入控制行业，而且政府干预程度越高这种并购“行业偏好”的可能性越大。

控制行业大多数属于自然型或行政型垄断型行业，这些行业的内部人薪酬明显高于一般竞争行业。尤其从 2002 年开始，垄断行业提升高管薪酬，增长速度甚至远远超过业绩的增长速度，超出人们的预期。虽然财政部针对垄断行业高管居高不下的薪酬问题下达了限薪令，但限薪令仅作用于年薪，对于在职消费等隐性收入无法限制，内部人完全可以运用手中的权力将减少的年薪转作隐性收入以弥补自己的损失。另外，进入控制行业能获得高额的垄断利润、更多的政府政策倾斜，使企业在资源、市场和政策方面获得越来越多的优势，不仅可以快速扩张资产和市场，而且可以在监管不力的情况下，将其中部分利润转作企业内部工资福利，“讨好”职工，进一步强化内部人控制。因此，作为理性经济人的中央和地方国有上市公司的内部人，会对通过多元化并购进入政府控制行业表现出浓厚兴趣，极力促成对政府控制行业的多元化并购。由此本书提出假设：

H5-1a：国有上市公司的政府干预程度与多元化并购行业偏好显著正相关。

H5-1b：国有上市公司的内部人控制程度与多元化并购行业偏好显著正相关。

二、政府干预、内部人控制与多元化并购的关联偏好

我国国有企业改制上市时为满足硬性的上市条件，几乎都经历过分拆、包装，拿出最优良的资产注入上市公司，而把大量的非经营性或盈利能力较差的资产留在了存续企业。由此破坏了企业完整的价值链、关联交易增加且给存续企业带来沉重负担，并引发一系列市场痼疾。为纠正分拆上市的弊端和提高上市公司综合竞争优势及可持续发展能力，从 2004 年开始国务院和证监会发文多次强调上市公司要通过增发、反向收购等方式吸收存续企业资产，实现集团整体上市，并把央企的整体上市作为深化国有企业改革的方向之一。在中央的指挥下，国有上市公司屡屡发生关联并购，其中既包括对存续企业内其他业务单元的关联型无关多元化并购，也包括对同一业务单元中上下游企业的关联型相关多元化并购。另外，由于地方政府掌握的经济资源相对有限，社会负担更为直接，政绩考核压力更大，并且由于处于委托—代理链条下端，其机会主义行为受到的监督可能要少，这使得他们有动机和能力通过干预地方国有上市公司进行关联型多元化并购而实现以下目的：①将上市公司的资产和利润合法转移给控股股东集团中其他公司或者将风险转嫁给上市公司；②避免企业破产带来的社会冲击，降低地方失业率，保持社会稳定；③进行利益输送，帮助上市公司保壳、保配，利用其从资本市场争夺资源。而且政府对企业的控制力越强，促使企业通过关联并购实现政府预定目标的动机和能力越强，国有上市公司发生关联并购的概率越高。

随着并购后企业规模和经营范围的扩大，企业对内部人个人能力的要求也进一步提高。即使内部人对自己的能力充满信心，但由于激励和约束限制的存在，在选择并购对象时他们也很难贸然进入一个全然未知的行业，而更倾向于投资一些过去有所了解且适合自身技能的项目。关联企业通常和自身有业务往来，内部人对它们的经营和财务状况都有所了解，可以减少和并购对象之间的信息不对称，降低多元化风险。而且通过关联型并购，内部人更容易转移公司资产，操纵公司利润，粉饰报表。可以想象，内部人可能都倾向于实施关联型多元化并购。由此本书提出假设：

H5-2a：国有上市公司的政府干预程度与多元化并购关联交易偏好显著正相关。

H5-2b：国有上市公司的内部人控制程度与多元化并购关联交易偏好显著正相关。

三、政府干预、内部人控制与多元化并购的区域偏好

我国长期存在市场分割和地区经济封锁，造成国有上市公司的并购多局限于同一行政区域内。这是因为："经济发展锦标赛"使得地方政府间的关系变成两个经济主体间的关系，市场竞争首先表现为以地方行政利益为边界的竞争（郭志鹏，2006）。对地方国有上市公司并购实施干预，使其具有典型的同区域性特征，就是地方政府在"地方保护主义"思想下，实施地区经济封锁的表现之一。从"肥水不流外人田"的指导原则出发，地方政府对本地"优质企业"可能更愿意促成或直接限定由其控制的地方国有上市公司来并购，以发挥对上市公司的"支持之手"，而不愿意被外地企业分享"果实"。而对本地"问题企业"，地方政府只能驱使其控制下的地方国有企业实施并购，发挥"掏空之手"，而难逼外地企业就范。另外，传统体制下企业隶属关系不变、所有制不变和财政解缴渠道不变的思维定式使财税分配问题也成为制约地方国有上市公司跨区并购的一个重要因素。Sun（2007）调查了我国具有规模效应的钢铁行业集中度的变化，证实即使中央政府出台产业政策强力支持钢铁行业以并购形式做大做强，地方政府干预和"地方保护主义"的存在依然导致钢铁行业集中度下降。

根据前文分析，地方政府的庇护、默认甚至合谋，强化了地方国有上市公司的内部人控制，作为回报，内部人会听从地方政府安排不轻易践行跨区并购，而且这也符合内部人的自身利益要求。这是因为，地区封锁的普遍存在使得上市公司跨地区多元化的难度较大。即使突破了双方企业所在地政府的重重阻挠完成了并购，日后的经营过程中很难受到被并方当地政府"一视同仁"的对待，而原地政府支持减少，这都大大增加了国有上市公司跨区多元化并购失败的风险，再加上风俗习惯、家庭因素等原因，往往使得内部人对跨区并购望而生畏。由此本书

提出假设：

H5-3a：国有上市公司的政府干预程度与多元化并购同区域偏好显著正相关。

H5-3b：国有上市公司的内部人控制程度与多元化并购同区域偏好显著正相关。

第二节 研究设计

一、变量定义

1. 行业偏好

根据样本公司的并购公告，如被并方处于政府要加强“绝对控制力”的军工、石油石化、电网电力、煤炭、电信、民航、航运七个行业，或要加强“较强控制力”的装备制造、钢铁、汽车、电子信息、建筑、有色金属、化工、勘察设计、科技九个行业，则控制行业取值为1；否则为0。

2. 关联偏好

如主并方和被并方存在关联方关系，则关联并购变量取值为1；否则为0。和主并方构成关联交易并购的关联方包括：主并方的母公司、受同一母公司控制的其他企业；对主并方实施共同控制或施加重大影响的投资方；主并方的联营、合营企业；主并方的主要投资者、关键管理人员个人或与其关系密切的家庭成员控制、共同控制或施加重大影响的其他企业。

3. 区域偏好

基于我国最基本的行政区域单位是省（自治区、直辖市），本书将行政区域界定为省（自治区、直辖市），如主并方和被并方处于同一省（自治区或直辖市），则区域取值为1；否则为0。

4. 政府层级

按国有上市公司最终控制人的性质划分政府层级：最终控制人为中央政府的公司政府层级取 0；为地方政府的取 1。

5. 控制变量

为避免变量遗漏导致模型设定存在误差，回归模型中除加入第四章第二节中所列七个控制变量外，另加入并购前公司可支配资源（Cash）变量，用并购前一年末公司的每股自由现金流来衡量。多元化并购作为一些投资活动需要耗用公司大量资金，自由现金流越丰富，说明公司内部积累的可用于并购的资源越多，不仅影响并购偏好，而且可能影响并购绩效。

政府干预与内部人控制变量的度量沿用第四章第二节中的指标，使用公司的国有股和法人股比例之和来反映政府对国有上市公司的干预程度，用内部董事比例来衡量内部人控制的程度。

各变量定义如表 5-1 所示。

表 5-1 变量定义

变量类型	变量名称	变量符号	变量定义
被解释变量	行业偏好	Con	被并购企业处于控制行业取值为 1，否则为 0
	关联偏好	Rel	关联并购取值为 1，否则为 0
	区域偏好	Reg	并购企业和被并购企业处于同一省取值为 1，否则为 0
解释变量	政府干预程度	Gov	国有股比例和法人股比例之和
	内部人控制程度	Ins	内部董事人数 / 董事会成员人数
	政府级别	Lev	最终控制人为地方政府取 1，最终控制人为中央政府取 0
控制变量	并购前公司业绩	Roe	并购前一年末净资产收益率
	并购前公司自由现金流	Cash	并购前一年末每股自由现金流
	公司成长性	Growth	并购前一年末主营业务收入增长率
	公司规模	Size	并购前一年末公司总资产的自然对数
	公司财务风险	Dfl	并购前一年末财务杠杆系数
	股权集中度	Cen	并购前一年末前五大股东持股比例之和
	年度哑变量	Year	根据样本（2003~2010）年限设八个年度哑变量
	行业哑变量	Ind	根据样本所处 12 个行业设 11 个行业哑变量

二、模型设计、样本选取与数据来源

政府干预、内部人控制对并购行业偏好的影响为：

$$Logit(Con) = \beta_0 + \beta_1 Gov + \beta_2 Lev + \beta_3 Ins + \beta_4 Roe + \beta_5 Cash + \beta_6 Growth + \beta_7 Size + \beta_8 Dfl + \beta_9 Cen + \sum Year + \sum Ind + \varepsilon \quad (5-1)$$

政府干预、内部人控制对并购关联偏好的影响为：

$$Logit(Rel) = \beta_0 + \beta_1 Gov + \beta_2 Lev + \beta_3 Ins + \beta_4 Roe + \beta_5 Cash + \beta_6 Growth + \beta_7 Size + \beta_8 Dfl + \beta_9 Cen + \sum Year + \sum Ind + \varepsilon \quad (5-2)$$

政府干预、内部人控制对并购区域偏好的影响为：

$$Logit(Reg) = \beta_0 + \beta_1 Gov + \beta_2 Lev + \beta_3 Ins + \beta_4 Roe + \beta_5 Cash + \beta_6 Growth + \beta_7 Size + \beta_8 Dfl + \beta_9 Cen + \sum Year + \sum Ind + \varepsilon \quad (5-3)$$

考虑研究延续性，本章延续使用第四章样本。多元化并购样本共 756 个，数据来源于 CSMAR 和 CCER 数据库，数据处理使用 SPSS21。

第三节 实证结果及分析

一、描述性统计

从表 5-2 可知，样本公司的多元化并购表现出鲜明的行业偏好、关联交易偏好和同区域偏好：2003~2012 年 6 月，共发生 493 起对控制行业的多元化并购事件，占多元化并购总数的 66%，国有资本向控制行业聚集的趋势明显；发生 453 起关联型多元化并购，占样本总数的 60%；发生同区域并购 529 起，占样本总数的 70%。从最终控制人级别看，中央子样本和地方子样本对控制行业多元化并购数量分别是对非控制行业并购的 1.91 倍、1.86 倍，差距不大，说明中央和地方

政府在加强对控制行业控制力方面态度基本一致。关联特征方面，中央子样本和地方子样本的关联并购数量分别是非关联并购的1.31倍和1.59倍，可见地方国有上市公司对关联多元化并购的热情更高。区域特征方面，中央子样本同区多元化并购的数量和跨区并购的数量基本相当，而地方子样本同区并购是跨区的4.16倍，客观上证实地方政府存在严重的地方保护主义和地区封锁。

表5-2 样本多元化并购特征描述性统计

	行业特征		关联特征		区域特征	
	控制行业并购	非控制行业并购	关联并购	非关联并购	同区并购	跨区并购
中央国有上市公司	164	86	142	108	121	129
地方国有上市公司	329	177	311	195	408	98
合计	493	263	453	303	529	227

表5-3中，政府干预程度Gov均值和中位数分别为0.1447和0.1220，标准差为0.1823，离散程度较小。内部人控制程度Ins的均值和中位数分别为0.5549和0.5000，差距不大，内部人控制程度总体分布比较均匀，而且大部分国有上市公司内部董事比例大于50%，内部董事比例过高，从侧面证实国有上市公司中可能存在严重的内部人控制现象。并购前业绩Roe最小值为-0.74，最大值为0.49，均值和中位数分别为0.0734和0.0699，并购前可支配资源Cash最小值为-1.06，最大值为2.98，均值和中位数分别为0.1116和0.0314，大部分样本公司并购前业绩和可支配资源偏低，甚至出现负数，说明不少样本公司无论是盈利能力还是剩余资源都不富足，它们多元化并购的目的可能并非正常的转移剩余资源，而是出于其他原因。公司的成长性Growth最小值为-0.80，中位数为0.1750，均值为0.3099，大部分样本公司主营业务增长幅度并不高，处于成熟期或衰退期。公司规模Size最小值为18.64，最大值为26.98，均值为21.8352，中位数为21.6689，差距较小，证实从事多元化并购的公司规模都较大。公司并购前财务风险Dfl最小值为-11.20，其息税前利润尚不足以支付利息，最大值为99.03，几乎所有的息税前利润都要用来支付利息，公司的财务风险非常巨大，此时再从事多元化并购显然不合乎常理。股权集中度Cen均值为41.1202，中位数为41.6893，差异不大，可看出样本公司股权集中度，中小股东的股权制衡能力较弱。

表 5-3 主要变量描述性统计

	观测值	最小值	最大值	均值	中位数	标准差
Gov	756	0.08	3.45	0.1447	0.1220	0.1823
Ins	756	0.13	1.00	0.5549	0.5000	0.2363
Roe	756	-0.74	0.49	0.0734	0.0699	0.1186
Cash	756	-1.06	2.98	0.1116	0.0314	0.3895
Growth	756	-0.80	11.99	0.3099	0.1750	0.8528
Size	756	18.64	26.98	21.8352	21.6689	1.1573
Dfl	756	-11.20	99.03	2.0286	1.1880	5.9276
Cen	756	5.02	85.00	41.1202	41.6893	16.3538

二、实证结果

从表 5-4 所示模型（5-1）的 Logistic 回归分析结果可看到，全样本中政府干预程度 Gov 显著正向影响着被并企业的行业偏好 Con，政府程度越高，越有可能发生对控制行业并购，H5-1a 得以验证。进一步分样本，无论中央还是地方子样本的政府干预程度均与行业偏好显著正相关，且全样本中政府层级 Lev 对行业偏好的影响不显著，说明中央和地方政府在国有上市公司通过多元化并购进入控制行业问题上，一致表现出积极态度。作为“共和国长子”的中央企业，多从过去的中央政府部门脱胎转型而来，几乎都是垄断行业中的大型骨干企业，在中央政府的指挥下无疑需要在国有资本进一步向关键领域收缩过程中发挥重要作用。而地方政府希望控制下的国有上市公司进入控制行业可能是因为促进经济结构调整、增强国有经济控制力和培育大型企业集团对提升地方经济竞争力和财政收入具有显而易见的作用，此时各地方政府倾向于扮演好“中央政府的地方代理者”这一角色以提高中央政府的满意程度。全样本和各子样本中内部人控制程度与行业偏好均显著正相关，证实内部人控制程度越强越积极主动地促成企业通过多元化并购进入控制行业，H5-1b 被接受。

控制变量方面，中央和地方子样本的并购前业绩 Roe 和行业偏好均显著正相关，企业业绩越好越有可能发生对控制行业的并购，证实了政府希望依托国有上市公司的优质资源加快控制行业发展。两个子样本的自由现金流 Cash 与行业偏

表 5-4　政府干预、内部人控制与多元化并购行业偏好的 Logistic 回归结果

变量	全样本	中央国有上市公司	地方国有上市公司
常量	-6.091*** (10.117)	-9.252*** (10.483)	-1.839 (0.388)
Gov	10.151*** (13.723)	10.719** (4.849)	9.570*** (8.018)
Lev	0.343 (2.398)		
Ins	0.597* (2.798)	0.650* (3.753)	0.604* (2.752)
Roe	3.954*** (16.990)	3.831** (5.563)	4.313*** (12.408)
Cash	0.741*** (7.463)	1.080** (4.783)	0.594* (3.304)
Growth	0.132 (0.718)	0.325 (0.839)	0.080 (0.220)
Size	0.196** (5.476)	0.323*** (6.699)	0.028 (0.047)
Dfl	0.001 (0.020)	0.020 (0.402)	-0.015 (0.530)
Cen	0.015*** (6.872)	0.021* (3.542)	0.011* (2.894)
卡方	74.413	35.918	42.620
McFadden R-squared	0.160	0.240	0.135
观测值	756	250	506

注：每格内第二行括号内的数字为 Wald 值；***、**、* 分别代表在 1%、5%和 10%水平下显著；限于篇幅，年度和行业哑变量的结果没有列示。

好都显著正相关，说明不管是中央还是地方国有上市公司并购前拥有的可支配资源对进入控制行业具有重要正向影响，再次验证了政府具有依托上市公司丰富资源促进控制行业发展的意图。中央子样本的规模 Size 与行业偏好显著正相关可能是因为中央政府认定规模大的国有上市公司综合实力更强，而且这些大公司还可通过对上下游的行业多元化并购延伸产业链、提高竞争力，实现政府培育和发展大型企业集团的目标；而地方国有上市公司的 Size 与行业偏好并无显著相关关系。中央和地方子样本的股权集中度 Cen 与行业偏好均显著正相关，股权集中度越高国有股东对上市公司控制力越强，越有可能发生对控制行业并购，可见政府通过高控股公司加强对控制行业的控制力的意图很明显。Growth 和 Dfl 与行业偏好都没有显著相关关系，证实公司成长性和财务风险不会显著影响并购对象的行业。

从表 5-5 所示模型（5-2）的 Logistic 回归分析结果可看到，全样本和各分组样本的政府干预程度 Gov 与多元化并购关联交易偏好 Rel 都呈显著正相关关系，H5-2a 得到验证。全样本中政府层级 Lev 与关联偏好显著正相关，地方国有上市公司比中央国有上市公司更容易发生关联型多元化并购，这可能因为地方政府干预关联并购的动机要比中央政府复杂得多，地方国有上市公司作为地方政府实现诸多目标的"工具"，发生关联型并购的概率被提高。全样本中内部人控制程度 Ins 与关联交易偏好显著正相关，就样本整体来看内部人希望干预企业实施关联并购，H5-2b 被证实。进一步分样本，这种正相关关系仅存在于地方子样本，中央子样本的内部人控制程度却与关联交易偏好显著负相关，这可能是因为各界对中央国有上市公司的监督力度较大，信息披露及时性强，透明度较高，使得内部人难以有机会利用关联并购谋求自身利益，更重要的是一旦通过关联并购实现集团整体上市目标，原公司将失去独立的上市公司身份，而只能拥有和集团内其他公司一样的地位，地位的下降也将引起高管薪酬和待遇的变化。于是中央子样本中内部人控制程度越高越表现出对关联并购的抵触。

表 5-5　政府干预、内部人控制与多元化并购关联偏好的 Logistic 回归结果

变量	全样本	中央国有上市公司	地方国有上市公司
常量	−2.995* (2.942)	−2.717 (1.068)	−4.625* (2.840)
Gov	10.764*** (17.686)	15.562** (8.056)	10.518*** (11.447)
Lev	0.379** (3.910)		
Ins	0.203* (2.906)	−1.517* (3.167)	1.038* (3.008)
Roe	1.503* (3.318)	7.128*** (11.445)	−0.009 (0.000)
Cash	0.410* (3.046)	1.742*** (11.263)	−0.092 (0.110)
Growth	0.246 (2.481)	0.740 (3.115)	0.186 (1.289)

续表

变量	全样本	中央国有上市公司	地方国有上市公司
Size	0.015 (0.040)**	-0.053 (0.204)	0.115 (0.916)
Dfl	0.016 (0.725)	0.034 (0.947)	0.006 (0.055)
Cen	0.019*** (12.784)	0.02** (5.245)	0.018** (8.050)
卡方	62.770	56.388	31.075
McFadden R-squared	0.134	0.355	0.097
观测值	756	250	506

注：每格内第二行括号内的数字为 Wald 值；***、**、* 分别代表在 1%、5%和 10%水平下显著；限于篇幅，年度和行业哑变量的结果没有列示。

控制变量方面，中央子样本的并购前业绩 Roe、自由现金流 Cash 与关联偏好显著正相关，这是因为业绩越好、可自由支配的资源越丰富的公司越具备条件通过增发或反向收购的方式对关联企业并购。中央和地方子样本的股权集中度 Cen 与 Rel 均显著正相关，证实股权集中度的增强会增加关联并购发生的可能性，这和陈晓、王琨（2005），洪剑峭、薛皓（2008）和陈艳利、李新艳（2013）等的研究结论相一致。而无论中央还是地方子样本的 Growth、Size 和 Dfl 与关联偏好的相关性均不显著，说明多元化并购的关联属性不存在规模效应，关联并购不单是陷入财务困境公司的特有行为，还有可能是财务稳健公司的控股股东进行利益掏空或输送和保壳保配的行为。

从表 5-6 所示模型（5-3）的 Logistic 回归分析结果可看到，全样本的政府干预程度 Gov 与同区域偏好 Reg 显著正相关，证实国有上市公司多元化并购的同区域偏好会显著受到政府干预的影响，接受 H5-3a。进一步分样本来看，这种正相关关系主要表现在地方子样本中，而中央子样本的政府干预程度与同区域偏好显著负相关。中央国有上市公司受中央政府干预越强，发生跨区并购的可能性越大，这可能是因为：①中央国有上市公司作为中央政府宏观调控最有力的工具，经营决策会明显受到中央政策影响，而且在不进行业前三位就要被强制重组的巨大压力下，为了扩大资产规模和提高盈利能力，中央国有上市公司选择并购对象时会更多看重资源配置效率，而不囿于同一行政区域。②对被并企业所在地政府而言，中央企业在信誉、综合实力方面都有其他企业不可比拟的优势，地方企业被中央企业并购后，能获得资金、技术、市场等多方面资源，提升产品技术水平和经营规模，提高市场竞争力，有利于增加地方就业和税收。而且被中央企业并购不会涉及国有资产流失问题也不会为其他地区经济发展“做嫁衣”，大大增加了地方政府官员的安全感，由此各地方政府普遍认同本地企业与中央企业对接。③为避免政治风险，中央企业所在地政府也不敢对其跨区并购活动过分限制。全样本中政府层级 Lev 与同区域偏好显著正相关，也证实了地方国有上市公司比中央国有上市公司的同区域偏好更明显。全样本和各子样本的内部人控制程度 Ins 和同区域偏好的相关关系都没有通过检验，H5-3b 被拒绝。说明国有上市公司的

表 5-6 政府干预、内部人控制与多元化并购区域偏好的 Logistic 回归结果

变量	全样本	中央国有上市公司	地方国有上市公司
常量	2.642 (2.305)	5.762** (5.278)	3.6951 (1.374)
Gov	0.141* (0.041)	-18.041*** (11.347)	9.017** (4.687)
Lev	1.116*** (30.238)		
Ins	-0.511 (1.480)	0.060 (0.006)	-0.750 (2.056)
Roe	-2.044** (5.205)	-6.478*** (11.132)	0.300 (0.063)
Cash	1.140*** (19.913)	-0.965** (4.734)	-1.347*** (15.500)
Growth	0.315 (3.330)	0.349 (1.204)	0.104 (0.227)
Size	-0.117 (2.061)	-0.144 (1.677)	-0.185 (1.550)
Dfl	0.027 (0.573)	0.041 (0.298)	0.013 (0.075)
Cen	0.014** (5.063)	0.010 (0.952)	0.018** (5.342)
卡方	78.9844	40.587	43.017
McFadden R-squared	0.178	0.266	0.153
观测值	756	250	506

注：每格内第二行括号内的数字为 Wald 值；***、**、* 分别代表在 1%、5%和 10%水平下显著；限于篇幅，年度和行业哑变量的结果没有列示。

内部人在并购地点的选择上都表现得比较谨慎，愿意服从政府的安排或遵循市场规则，而不愿过分体现个人意愿。

控制变量方面，中央子样本的并购前业绩 Roe、自由现金流 Cash 与同区域偏好显著负相关，并购前业绩越好、可支配的资源越丰富的公司越有可能发生跨区多元化并购实现资源的跨区流动。地方子样本的股权集中度 Cen 与同区域偏好显著正相关，而中央子样本中这一相关性并不显著，也证实地方政府会利用对地方国有上市公司的控制权在并购对象的区域选择问题上施加影响。

第四节　稳健性检验

为检验结论的稳健性，本书以高管前三名薪酬总额的对数衡量内部人控制程度（Ins）；以是否列入《国家重点鼓励发展的产业、产品、技术目录》代替控制行业来衡量行业偏好；按市界定行政区域重新进行回归分析，进行稳健性测试。

表 5-7 中各模型的稳健性检验结果显示：①全样本以及各子样本的政府干预和内部人控制程度对多元化并购的行业偏好依然具有显著正向影响；②全样本的政府干预和内部人控制程度对多元化并购关联偏好的正向影响仍然显著，且地方子样本比中央子样本更容易发生关联型多元化并购，中央子样本的内部人控制程度与关联偏好显著负相关，地方子样本的内部人控制程度与关联偏好显著正相关；③中央子样本的政府干预程度与同区域偏好显著负相关，而地方子样本的政府干预程度与同区域偏好显著正相关，而且地方子样本比中央子样本同区域偏好更加显著，由此导致全样本的政府干预程度与同区域偏好显著正相关，内部人控制程度对多元化并购的区域偏好影响并不显著。

稳健性检验的结果与前文基本一致，表明原结论稳健可靠。

表 5–7 稳健性检验结果

变量	模型（5–1）			模型（5–2）			模型（5–3）		
	全样本	中央国有上市公司	地方国有上市公司	全样本	中央国有上市公司	地方国有上市公司	全样本	中央国有上市公司	地方国有上市公司
Gov	2.862*** (8.423)	2.687*** (8.531)	2.324*** (8.682)	14.083*** (16.541)	12.334*** (8.204)	11.852*** (10.328)	11.643** (5.877)	–9.562** (5.322)	10.032* (3.180)
Lev	0.092 (0.587)			1.652** (3.433)			2. 589*** (11.340)		
Ins	2.563** (6.132)	2.124* (2.871)	0.954** (3.656)	3.740** (5.652)	–3.452* (4.149)	4.516** (5.162)	–0.231 (1.654)	1.386 (0.947)	–1.253 (0.852)
Roe	2.799** (6.460)	3.767** (5.446)	4.413** (3.265)	0.783** (4.379)	2.852*** (8.763)	–0.431 (0.002)	3.624*** (12.227)	–5.537*** (12.747)	0.114 (0.891)
Cash	2.737* (2.823)	1.057** (4.562)	1.746 (0.111)	2.586* (2.766)	2.792*** (10.546)	–0.386 (0.015)	–2.314** (3.562)	–1.725** (3.972)	–0.998*** (8.549)
Growth	0.904 (0.620)	0.312 (0.795)	0.980 (1.563)	1.485 (1.093)	0.754* (3.167)	1.532 (0.984)	0.744 (1.573)	0.681 (0.996)	0.195 (0.953)
Size	1.549** (4.966)	0.312** (6.355)	0.116 (0.928)	0.109 (0.520)	–0.126 (0.742)	0.537 (0.765)	–0.187 (1.694)	–1.543 (0.894)	–0.282 (1.655)
Dfl	–0.003 (0.051)	0.021 (0.410)	–0.348 (0.753)	1.160 (0.854)	0.293 (0.877)	0.332 (1.049)	0.443 (1.532)	0.112 (0.369)	0.104 (0.236)
Cen	4.965** (3.955)	0.020* (3.453)	0.126* (2.917)	0.319** (4.989)	3.015** (4.841)	0.178** (6.323)	0.665*** (8.549)	0.019 (0.846)	0.255** (4.993)
卡方	35.215	32.864	38.531	40.573	46.441	41.332	65.437	50.672	46.683
Nagelkerke R–squared	0.153	0.221	0.127	0.128	0.198	0.105	0.152	0.188	0.132
观测值	756	250	506	756	250	506	756	250	506

注：每格内第二行括号内的数字为 Wald 值；***、**、* 分别代表在 1%、5%和 10%的水平下显著；限于篇幅，年度和行业哑变量的结果没有列示。

第五节 拓展性检验

按政府干预程度高低对样本加以分组，利用模型（5-1）、模型（5-2）、模型（5-3）重新进行回归，进一步比较政府干预程度不同时，内部人控制对国有上市公司多元化并购偏好的影响是否存在差异。

从表5-8中模型（5-1）的回归结果可以看出，在高政府干预组，内部人控制程度Ins与多元化并购行业偏好的相关系数仅在10%水平下显著，而在低政府干预组两者的相关系数在1%的水平下显著。说明政府干预程度降低，助长了内部人驱使企业进入控制行业的行为。这可以用随着政府干预能力被削弱，内部人控制得以加强来解释。此时内部人有更多机会攫取个人利益，他们借助企业进入控制行业来享受高额垄断利润和获取更多政府政策倾斜的愿望也更强烈。

表5-8 按政府干预程度分组样本的多元化并购偏好Logistic回归结果

	模型（5-1）		模型（5-2）		模型（5-3）	
变量	高政府干预组	低政府干预组	高政府干预组	低政府干预组	高政府干预组	低政府干预组
Gov	9.374*** (8.569)	2.538** (4.357)	2.854** (4.071)	2.673** (3.447)	6.002*** (11.351)	1.019* (2.566)
Ins	2.121* (2.749)	1.035** (3.522)	2.145** (4.948)	3.472** (5.331)	-0.966 (0.847)	1.022* (2.852)
Roe	2.547** (3.439)	3.473** (3.874)	2.852*** (9.542)	-0.547 (0.009)	6.332*** (13.657)	1.538** (3.671)
Cash	0.357** (1.562)	1.548 (0.896)	3.514*** (8.675)	-0.411 (0.107)	-2.055** (4.572)	-1.332** (6.009)
Growth	0.543 (0.869)	1.003 (1.439)	0.754 (1.097)	1.266 (0.951)	0.736 (0.847)	0.476 (1.233)
Size	0.862** (5.683)	1.436* (2.581)	0.344 (0.972)	0.673 (0.986)	-1.583 (1.052)	-0.105 (1.433)
Dfl	0.038 (0.221)	-0.554 (0.895)	0.374 (0.966)	0.455 (1.232)	0.322 (0.569)	0.197 (0.966)

续表

变量	模型（5-1）		模型（5-2）		模型（5-3）	
	高政府干预组	低政府干预组	高政府十预组	低政府干预组	高政府干预组	低政府干预组
Cen	0.033* (3.232)	0.932* (2.849)	2.518** (3.953)	0.195** (3.133)	0.155 (0.334)	0.334** (5.071)
卡方	35.632	40.653	47.853	38.584	51.548	48.847
Nagelkerke R-squared	0.233	0.289	0.263	0.137	0.232	0.198
观测值	378	378	378	378	378	378

注：每格内第二行括号内的数字为 Wald 值；***、**、* 分别代表在 1%、5%和 10%的水平下显著；限于篇幅，年度和行业哑变量的结果没有列示。

模型（5-2）的回归结果中，两组样本中内部人控制程度与多元化并购关联交易偏好的相关系数都在 5%水平下显著，说明内部人驱使企业实施关联型多元化并购的行为并不受政府干预程度差异的影响。

从模型（5-3）的回归结果可以看到，高政府干预组中内部人控制程度与多元化并购同区域偏好没有显著相关关系，而低政府干预组中两者的正相关关系在 10%水平下显著。说明政府干预程度降低，助长了内部人驱使企业实施同区域并购的行为。这可能是因为地区封锁的普遍存在本身就使得跨地区多元化的难度较大，而政府持股比例的降低使企业跨区并购可获得的政府支持进一步降低，进一步提高了跨区并购风险，再加上风俗习惯、家庭因素等原因，往往使得内部人对跨区并购望而生畏。

第六节　本章小结

本章以 2003~2012 年 6 月发生多元化并购的 756 家国有上市公司为样本，实证检验了政府干预和内部人控制对国有上市公司多元化并购偏好的影响，以及中央和地方国有上市公司的多元化并购偏好是否存在显著差异。实证结果显示政府干预程度会显著影响国有上市公司多元化并购的行业偏好、关联偏好和区域偏好，而内部人控制程度对国有上市公司多元化并购的行业偏好、关联偏好会产生显著影响，对区域偏好影响却不显著。进一步按最终控制人类型对国有上市公司加以区分，发现中央和地方政府不同的职能目标和管制策略又使得中央和地方国有上市公司在并购偏好上有所差异。受地方政府目标多元性和寻租等问题影响，地方国有上市公司多元化并购的关联交易偏好和同区域偏好比中央国有上市公司更明显。

第六章　政府干预、内部人控制与多元化并购的经济后果

政府干预、内部人控制对多元化并购类型和并购偏好的影响会最终传导到业绩上，导致不同的经济后果。并购活动的经济后果一般体现在股价波动和财务指标变动两方面。本章以 2003~2010 年发生多元化并购的国有上市公司为样本，运用事件研究法和会计指标研究法分别从资本市场的短期市场绩效和长期财务绩效变动两个角度来验证政府干预、内部人控制对并购经济后果的影响，并加以比较，为破解“多元化折价”现象提供一定的经验证据。

第一节　理论分析与研究假设

一、政府干预与多元化并购经济后果

诸多研究表明多元化并购会导致价值毁损，产生“多元化折价”现象（Bradley，1988；Megginson，2001；李善民、朱滔，2006；洪道麟等，2006；肖坤龙，2012）。学者对政府干预也同样普遍持否定态度，认为政府干预下的并购往往与企业经营目标不一致，对企业业绩和价值发挥负面作用。本书认为，政府干预国有上市公司多元化并购的目的有多种，对多元化并购绩效的影响也是双向的。

一方面，政府从战略角度出发，因弥补市场经济固有缺陷、调整国有经济布局结构或促进经济协调稳定发展等目标而干预的多元化并购，能更好地维护市场机制，帮助企业盘活存量资产，提高国有上市公司活力，快速获得范围和经济规模效应，无疑有利于企业长远发展和国有资产保值增值。而且政治庇护理论指出，国企绩效的提升能使政府官员从中获取政治收益和私有收益，可见，政府利用掌控的稀缺资源支持国企多元化并购的目的之一是实现企业业绩增长。

另一方面，根据前文分析，政府干预下的多元化并购还有可能是为了履行社会职能或实现政治目标，而违背市场规律的一种行为。政府受地区财政收入、就业压力、社会稳定甚至官员个人晋升等因素驱使，往往把行政行为和经济行为混淆，以强制性手段介入国有企业并购活动。这种盲目鼓励和撮合的多元化并购，与企业经营目标不一致，企业间缺乏内在经济联系和产业间前后关联，只能带来形式上的“范围经济”，难以实现资源优化配置和协同效应，而且 Coase（1937）指出，由于管理者能力有限，企业业务和规模扩张会使内部的组织成本相应增加。政府干预实施后还会引起包括人力和物质资源在内的机会成本和效率损失，这些成本也会导致并购业绩随着政府干预程度的加强而下降。由此可见，仅为实现政治目标而组建的庞杂业务集团，会为企业日后的经营埋下败笔。所以，这种政府干预下的多元化并购会给国有上市公司的长期绩效带来负面效应。

根据增长机会假说，在信息不对称的市场上，投资者会关注公司的成长机会，上市公司的成长潜力越大，经济事项短期内获得正面市场反应的概率就越高；反之，如果投资者认为发生的事项不利于企业价值增长，获得负面市场反应的概率更高。由此可以假定，政府干预多元化并购给国有上市公司绩效带来的正面或负面影响，短期内会在证券市场上引起相应反应。当然政府干预并购所带来的绩效影响是积极还是消极，会因中央政府和地方政府干预并购的职能、目标不同而有所区别。由此本书提出假设：

H6-1a：国有上市公司的政府干预程度会显著影响多元化并购短期绩效。

H6-1b：国有上市公司的政府干预程度会显著影响多元化并购长期绩效。

二、内部人控制与多元化并购经济后果

从行为金融角度来说，多元化并购是内部人在个人利益和公司价值之间权衡后采取的战略行为，作为理性的经济人当并购能为自身带来更大利益时，他们宁愿选择牺牲股东利益进行投资。内部人控制对企业多元化并购经济后果的影响可以从过度自信和代理成本两个角度分析：Roll（1986）的自大假说认为，管理者的自大、野心或过分骄傲所引发的高成本、高风险的并购对企业价值的影响不容乐观。代理理论认为，管理者的代理动机是推动企业多元化并购的重要因素（Shleifer 和 Vishny，1989），这种盲目扩张行为可能因为支付的溢价过高导致企业价值毁灭。另外，我国国有上市公司所处的特殊制度背景，使得内部人的任命带有浓厚的行政体制色彩，内部人容易把扩大公司规模作为经营成果捞取自己的政治资本，而究竟多元化并购能否发挥协同效应、实现范围经济并不是他们关注的重点。内部人出于自身利益考虑而发动的多元化并购在一定程度上会动摇投资者对企业未来经营收益和稳定性的信心，进而影响中小投资者的情绪和投资选择，短期内可能导致公司股价下降。从长期而言，此类盲目多元化通常会对企业价值产生毁灭作用，而且内部人控制程度越高，这种价值毁灭可能越严重。

诚然，中央企业的委托—代理关系相比地方国有企业更直接，政府与上市公司之间的信息不对称程度较低，有助于减少内部人控制引发的代理成本，但中央企业的内部人因为拥有更高的行政级别和社会地位，对自身经营管理能力会比地方国有企业的内部人更自信，过度自信倾向会更严重，由于盲目乐观导致多元化投资失败的可能性增加。所以不管是中央还是地方国有上市公司的内部人控制程度都会和多元化并购的长、短期价值创造存在相关关系。由此本书提出假设：

H6-2a：国有上市公司的内部人控制程度会显著影响多元化并购短期市场绩效。

H6-2b：国有上市公司的内部人控制程度会显著影响多元化并购长期市场绩效。

三、并购类型与多元化并购经济后果

相关多元化并购可以创造机会利用和转移企业的核心要素和技术管理能力。依据资源理论，将过剩的经济资源和管理能力运用于相关行业扩张，可以实现各业务单元之间共享品牌、技术、设备、管理经验、采购渠道和销售渠道等，实现范围经济。而且相关多元化主要表现为向前或向后的纵向一体化，实现企业所需的原料或产品分销渠道的产业链延伸，能帮助企业强化主业的竞争地位，提高市场影响力，节约交易成本，更有利于质量管控和技术保密，使企业能从产业价值链上获得更丰厚的利润。尽管内部人实施相关多元化的目的可能是规避行业风险、扩大企业规模或攫取个人收益，但其行为不完全是出于自身狂妄和盲目乐观，因为总体来讲，并购后生产、技术和市场的相关性，使企业仍处于有效的业务范围半径内，可同主业形成协同效应。相对于相关多元化并购，无关多元化并购一直受到学术界的广泛诟病，被称为多元化战略中的“陷阱”。原因是：无关多元化并购难以实现资源共享，不同业务间的协同效应、规模经济和范围经济难以发挥，同时又会引起管理成本大幅度上升，最终导致企业业绩下降。而且内部人往往是受新行业利润的诱导，对自身能力过度自信和对目标公司、协同效应盲目乐观，致使企业承受过高风险，增加了失败的可能性。即使业绩差的企业的内部人企图通过无关多元化转嫁危机，这种行为的作用长期来看也有限。来自国外的大量经验表明，“多元化折价”现象普遍存在（Bettis，1981；Amit 和 Livant，1988；Bettis，2011），对比两种多元化并购类型的业绩表现，他们发现无关多元化并购给企业带来的价值损害尤其严重，证实了上述理论分析。

国内目前还鲜有学者研究特殊制度背景下国有上市公司的多元化并购类型与企业绩效的关系。根据前文分析，政府和内部人利用手中掌握的关键资源，可以对企业多元化并购类型施加影响，将自身目标异化于企业并购活动中，不同的行为动机通过对并购类型的影响，最终会传导到企业绩效上，造成绩效差异。中央政府一直强调国有企业要立足于主业优势、突出核心业务能力，中央国有上市公司近年来在国资委的要求下均在向主业集中，选择“一业为主，相关多元化”的战略发展模式，它们对控制行业的并购更多呈现为相关多元化并购，长期来看有助于避免资源过度分散，实现产业链整合，新旧行业相辅相成能获取范围经济的协同效应，增强竞争力。地方政府受发展地方经济和履行具体社会管理职能的驱使，常常是什么行业热就投资什么，哪个企业需要“掏空”或“支持”就“掏空”或“支持”哪个，而缺乏对经营战略上行业相关性的考虑。这种多元化并购会导致企业资源分散，甚至可能出现管理者对新进行业不熟悉，超出管理边界，增加企业的系统性风险，导致绩效下降。因此本书提出假设：

H6-3a：国有上市公司的多元化并购类型会显著影响多元化并购短期市场绩效。

H6-3b：国有上市公司的多元化并购类型会显著影响多元化并购长期市场绩效。

四、并购偏好与多元化并购经济后果

1. 行业偏好与多元化并购经济后果

市场可以自行调节，但其本身的盲目性和滞后性会不可避免地造成资源浪费。所以中央政府通过制定宏观经济政策实现向关系国民经济命脉和国家安全的产业资源配置倾斜，支持优势国有企业通过跨行业并购重组向重要行业和领域集中，以依托国有上市公司的优质资源和禀赋实现增强国有经济控制力、促进经济结构优化和经济发展的目标。政策引导实质上改变了这些行业并购的政策壁垒，并改变企业并购的成本，进而会对多元化并购的经济后果产生影响。

控制行业大部分属于自然型或行政型垄断性行业，如“石油石化”、“电力电网”、“电信”等，具有较高的垄断利润，通过多元化并购进入受政府干预更强的控制行业，使这些上市公司因为政治干预而获益的可能性更大，有利于提高盈利水平，这与企业“营利”的本性相一致。当政府与并购企业有共同行为目标时，政府干预会替代市场，提高企业资源配置效率，减少并购交易成本。相比而言，进入非控制行业的绩效改善难度较大，这是因为：国家鼓励竞争领域中民营资本的发展，国有上市公司在竞争行业失去了政策壁垒的保护，面临的竞争对手中不

乏有政治关联的民营企业，这些民营企业在利用政治关联寻租时，却不用担负国有企业那些沉重的社会负担和历史遗留问题；而且企业规模小，经营更加灵活，尤其在市场环境剧变时，能较快调整适应市场需求，竞争力更强。

中央国有上市公司多从过去的中央政府部门脱胎转型而来，作为中央政府宏观调控最有力的工具，在向重点控制行业和领域收缩、增强国有经济控制力、促进经济结构调整方面发挥着中坚力量。这些中央企业对控制行业的并购更多地呈现为相关多元化并购，长期来看有助于实现产业链整合战略，获取范围经济的协同效应，增强竞争力。地方政府出于地方利益考虑和扮演好“中央政府的地方代理者”角色，对地方国有上市公司进入控制行业持积极态度，税收优惠政策和财政资金倾斜对多元化并购的成功提供了有力保障，而地方国有上市公司跻身控制行业所获得的政策扶持和垄断利润对其绩效提升也具有积极意义。由此认为，国有上市公司对控制行业多元化并购后的长短期表现都要优于对非控制行业的多元化并购。由此本书提出假设。

H6-4a：国有上市公司多元化并购的行业偏好会显著影响并购短期市场绩效。

H6-4b：国有上市公司多元化并购的行业偏好会显著影响并购长期市场绩效。

2. 关联偏好与多元化并购经济后果

对于关联并购产生的经济后果，目前主要存在“价值创造说”和“价值侵害说”两种观点。“价值创造说”认为，关联并购可以实现与控股股东资产、业务、财务、机构、人员方面的分开，减少与关联方之间将来可能出现的关联交易；解决本公司与实际控制人下属企业的同业竞争问题；可以低于市场交易的成本优化、调整公司产业结构和资产结构、理顺管理体系、提高运营效率。但更多的研究却发现，随着公司股权集中度的加强，关联并购更可能沦为大股东攫取私有收益和掠夺中小股东的工具，于是从大股东控制的角度，提出了“价值侵害假说”，认为关联并购是大股东和中小股东利益冲突的表现，它为大股东的利润转移行为创造了条件，从而会降低公司价值。

根据前文分析，基于纠正“分拆上市”弊端和延伸产业链目标的多元化并购可以帮助公司利用集团优势，用更低的成本和更高的效率实现资源整合，实现

“价值创造”。但需注意的是，这种价值创造要以业务和管理完成深度整合且协同效应显现为前提条件，短期来看却可能带来价值毁损。这是因为：存续企业通常保留了大量的劣质、非经营性资产及政策性负担，资产质量较差，负担沉重，这些巨额负资产的注入显然短期内会给上市公司带来较大的负面影响。另外，当外部环境对中小股东保护不力时，控股股东利用关联并购从上市公司转移利润、侵害中小股东利益的事屡屡发生，极易引起中小股东的抵触情绪。在信息不对称背景下，外部投资者难以有效识别到底是“价值创造”还是“价值侵害”型关联并购时，他们往往会因“利益冲突”心理占上风而选择“用脚投票”，引起公司股票价格下降。邓建平等（2011）的研究结论也证实，源于“分拆上市”的关联并购短期内会给企业造成价值损失。

而源于国有企业“分拆”上市后控股股东为寻求补偿而在政府促成下进行的利润转移行为，或是地方政府为实现多元社会目标而促成的“扶贫解困”行为，这两种动机下的关联并购很难提升公司业绩。另外，即使地方政府为了保壳保配或实现其政治利益，通过关联型多元化并购对上市公司予以短期“支持”，这种非市场化行为的并购也难以产生“协同效应”，而且随着时间推移企业脱离困境后地方政府的“掏空”动机可能又会上升。由此可见，国有上市公司多元化并购的关联偏好不管短期还是长期来看都会对企业业绩造成影响。由此本书提出假设：

H6-5a：国有上市公司多元化并购的关联偏好会显著影响并购短期市场绩效。

H6-5b：国有上市公司多元化并购的关联偏好会显著影响并购长期市场绩效。

3. 区域偏好与多元化并购经济后果

我国幅员辽阔，不同地区的资源要素各有优势，如西部自然资源丰富，中西部劳动力丰富，内陆土地资源具有价格优势等。由于资源要素的分布不均，且资源进行流动要付出成本，所以企业跨地区并购较易获得异地的优势资源（于剑南、李小军，2012），并且有利于获得异地市场。Chari 和 Ouimet（2004）、Bris 和 Cabolis（2008）等还从法与金融的视角提出并验证了当并购企业的投资者法律保护水平高于被并企业时，被并企业的投资者法律保护水平在并购后会得以提升，产生公司治理效应，引起并购双方股东财富明显增加。我国监管部门相继出台了各种投资者保护法律条款，这些条款的法律效力虽然在各个区域都相同，不受当地政府影响，但地区之间的执行水平存在较大差异，这就为跨区并购治理效应的发挥提供了基础。潘红波、余明桂（2011）的实证研究也证实我国民营上市公司的跨区并购具有公司治理效应。

但对国有上市公司而言，地方政府往往出于地方保护目的对并购活动加以封锁。跨区并购中审批环节多、耗时长，大幅提高了并购成本，难以充分了解被并企业、竞争对手和所处地区市场信息，日后的经营过程中很难被当地政府“一视同仁”地对待以及文化整合难度较大，再加上原所在地政府支持减少，这都大大增加了国有上市公司跨区多元化并购失败的风险。在地方政府强干预的制度背景下，地方国有上市公司的跨区多元化并购决策并非完全基于市场化原则做出，也难以发挥跨区并购的公司治理效用。这都使得地方国有上市公司的同区多元化并购更容易获得市场认同和提高企业业绩。由此本书提出假设：

H6-6a：国有上市公司多元化并购的同区域偏好会显著影响并购短期市场绩效。

H6-6b：国有上市公司多元化并购的同区域偏好会显著影响并购长期市场绩效。

第二节　政府干预、内部人控制与多元化并购短期市场业绩

一、事件研究法模型

事件研究法、会计指标法和个案研究法是公司并购经济后果的主流实证研究方法，前两者在大样本研究中被国内外学术界广泛采用。

事件研究法通过考察并购事件发生前后的时间窗内投资者投资行为变化所引发的股票收益变化，判断该事件对股东财富和企业价值的影响。按照超常收益窗口期的长短可分为短期事件研究法和长期事件研究法。短期事件研究法通常以并购公告前后 1~3 个月为窗口期，由于短期内市场受多元化并购的影响更大，所以它能够更加直观地反映出投资者对并购的态度；而窗口期过长会导致研究结果受其他非相关事件的干扰，尤其我国资本市场中内幕交易、短期投机、股价操纵气氛较浓，所以学术界较多使用事件研究法来检验并购的短期市场绩效，而使用会计指标研究法检验并购的中长期绩效。本书借鉴这种思路，结合使用事件研究法和会计指标研究法，从短期和长期两个维度对政府干预和内部人控制下的国有上市公司多元化并购的经济后果进行全面考察。

事件研究法通过计算超额收益率（Abnormal Return，AR），即并购交易公告日前后这段时期内公司的市场实际收益率 R 减去假定并购事件未发生的预期正常收益率 E(R)，和计算超额收益率的累积平均值（累积超额收益率，Cumulated Abnormal Return，CAR）来评价并购事件对公司价值的影响。事件研究法的重要前提假设是资本市场有效性。虽然我国证券市场不完全有效，但国内大量学者实证研究结果证实我国的证券市场已达到弱势有效。而且随着资本市场的逐步完善市场有效性逐步增强，本书假定我国资本市场已经达到了弱势有效，运用事件研究法检验多元化并购的短期经济后果具有一定意义。事件研究法具体步骤如下。

1. 选择事件日与事件窗

事件研究先要确定所研究的事件和该事件引起的股票价格变化的时间段。本书以并购首次公告日作为事件日，记为第 0 天。如遇到周末或假期停市或公司发布重大公告暂时停牌，首次公告日当天无法取得交易数据的予以顺延，将事件日调整为首次公告发布日后的第一个交易日。事件研究效果的重要影响因素是窗口期长短，窗口期越短，受到不相关因素的干扰越少，国内外对并购短期效果窗口期的选择没有统一标准，大都采用了（-1，1）、（-2，2）、（-5，5）、（-10，10）以及（-30，30）等窗口。有学者研究发现并购公告日前会泄露消息，一般相关公司股票价格从并购日前 10 天就开始出现明显变化，考虑到多元化并购可能存在信息提前泄露的问题和避免窗口期较长股价受到不相关因素的干扰较多，本书借鉴前人的研究成果，并结合本研究样本 CAR 的走势，以（-10，30）为事件的窗口期，共 41 个交易日，来衡量多元化并购所带来的短期经济后果。

2. 计算预期正常收益率

估算预期正常收益率的方法有市场调整法、市场模型法和资本资产定价（CAPM）模型法三种。

市场调整法假设市场指数的收益率是对每只股票在事件期内当天的正常收益率的无偏估计，直接用股票的实际收益率 $R_{i,t}$ 减去市场指数的收益率 $R_{m,t}$ 计算出该股票的超额收益率 $AR_{i,t}$。市场调整法虽然最简单易行，但没有考虑并购公司所处的行业差异，有的公司股价增长速度向来能超越市场指数，依此计算出的超额收益率无法保证是由于并购导致的绩效改善。

市场模型法一般以事件公告日前 1~3 个月的股票实际收益率对市场收益率进行线性回归，估计出 β 系数，预期正常收益率 $E(R_{i,t}) = \alpha_i + \beta_i R_{m,t}$，其中 α_i 和 β_i 是用估计期数据通过最小二乘法回归得到的回归系数。这种方法相对于市场调整法，理论上更完整，在国内外学术界使用频率更高。

资本资产定价模型法与市场模型方法相近，只是估计 β 系数的线性回归模型有所区别，但该模型以证券市场完全有效为假设条件，在当前我国资本市场只达到弱势有效的背景下，这种方法的使用受到一定限制。

为保证检验结果的准确性同时能与已有的研究加以比较，本书采用市场模型法进行预期正常收益率估计。事件估计期不能与事件考察期重合，只有这样才能保证对不发生多元化并购事件时股票价格的估计是无偏的。本书选取的事件估计期为（-30，-11），即公告日前 30 个交易日到前 11 个交易日，共 20 个交易日，这样可以较为准确地把握企业的内在价值。

3. 短期市场绩效的计算公式

首先，计算每只股票在窗口期（-10，30）每日的实际收益率：

$$R_{i,t} = \frac{P_{i,t}}{P_{i,t-1}} - 1$$

其中，$R_{i,t}$ 为第 i 只股票在 t 日的实际收益率，$P_{i,t}$ 为第 i 只股票在 t 日的收盘价。

其次，计算每只股票在窗口期（-10，30）每日的超额收益：

$$AR_{i,t} = R_{i,t} - E(R_{i,t}) = R_{i,t} - (\alpha_i + \beta_i R_{m,t})$$

其中，$AR_{i,t}$ 为第 i 只股票在 t 日的超额收益率，E（$R_{i,t}$）为第 i 只股票在 t 日的预期正常收益率，α_i，β_i 为用估计期数据通过最小二乘法回归得到的回归系数。

每只股票每天的平均超额收益为：

$$AAR_{i,t} = \frac{1}{n}\sum AR_{i,t} = \frac{1}{n}\sum(R_{i,t} - \alpha_i - \beta_i R_{m,t})$$

最后，计算每只股票在（T_1，T_2）的累计超额收益：

$$CAR = \sum_{t=T_1}^{T_2} AAR_t = \frac{1}{n}\sum_{t=T_1}^{T_2}\sum_{i=1}^{N} AR_{i,t}$$

4. 假设检验

对 CAR 进行单样本 T 检验，通过它们是否均值为 0，检验窗口期内样本公司是否存在显著的累积超常收益，以此判断多元化并购事件对国有上市公司的市场价值是否有显著影响。对分组样本 CAR 进行配对 T 检验，通过分组样本的 CAR 之间是否存在显著差异，检验政府干预、内部人控制和多元化并购偏好对公司累积超额收益的影响。

二、模型设计与变量定义

为实证检验政府干预、内部人控制和并购类型、并购偏好因素对多元化并购短期绩效的影响，本书除了进行单因素分组检验外，为了尽可能控制其他因素的影响，还要对以上因素和并购绩效进行横截面多元统计回归。建立的多元回归模型如下：

$$CAR = \beta_0 + \beta_1 Gov + \beta_2 Ins + \beta_3 Typ + \beta_4 Con + \beta_5 Rel + \beta_6 Reg + \beta_7 Roe + \beta_8 Cash + \beta_9 Growth + \beta_{10} Size + \beta_{11} Dfl + \beta_{12} Cen + \sum Year + \sum Ind + \varepsilon \tag{6-1}$$

模型中各变量定义如表 6-1 所示。

表 6-1　变量定义

变量类型	变量名称	变量符号	变量定义
被解释变量	并购短期绩效	CAR	窗口期（-10，30）内样本的累计超额收益
解释变量	政府干预程度	Gov	国有股比例和法人股比例之和
	内部人控制程度	Ins	内部董事人数/董事会成员人数
	并购类型	Typ	相关多元化并购取 1，无关多元化并购取 0
	行业偏好	Con	被并购企业处于控制行业取值为 1，否则为 0
	关联偏好	Rel	关联并购取值为 1，否则为 0
	区域偏好	Reg	并购企业和被并购企业处于同一省取值为 1，否则为 0
控制变量	并购前公司业绩	Roe	并购前一年末净资产收益率
	并购前公司自由现金流	Cash	并购前一年末每股自由现金流
	公司成长性	Growth	并购前一年末主营业务收入增长率
	公司规模	Size	并购前一年末公司总资产的自然对数
	公司财务风险	Dfl	并购前一年末财务杠杆系数
	股权集中度	Cen	并购前一年末第一大股东持股比例
	年度哑变量	Year	根据样本（2003~2010）年限设八个年度哑变量
	行业哑变量	Ind	根据样本所处 12 个行业设 11 个行业哑变量

三、样本选取与数据来源

本章所使用的初始样本来源于第四章，根据研究需要进行以下筛选：

首先，剔除 2010 年 12 月 31 日以后样本。因后文研究多元化并购的长期财务绩效时，拟取 3 年观察期，数据库里的年度财务指标目前只提供到 2013 年底，所以样本截止到 2010 年 12 月 31 日。为同多元化并购长期财务绩效变化进行对照，本节所选样本也截止到 2010 年底。

其次，剔除发生其他重大事件的样本。为减少其他重大事件对股票价格的影响，公司并购公告的窗口期内不得发生其他可能引起股价较大变化的事件（如其他并购、分红、配股、送股、公布年报），否则从样本中剔除。

再次，以全样本为研究对象时，同一公司同一日发生多起多元化并购事项视为一起事项。在区分并购特征时，同一公司同一日发生的多类并购事项予以剔除。

最后，剔除第六章第三节所需财务数据不全或为异常值以及 ST 的样本公司。筛选后共得到多元化并购样本 594 个，所需数据来源于 CCER 数据库。

四、单变量检验

1. 全样本

图 6-1 是全部样本公司的平均累积超额收益率（CAR）和平均超额收益率（AAR），整体而言，在（-10，30）的时间窗口内样本公司平均累积超额收益率为-0.67，且统计显著（见表 6-2），证实多元化并购短期内毁灭了企业价值，这与大部分国内学者结论相符，国有上市公司多元化并购短期内确实存在“并购绩效悖论”。并购公告前第 10 个交易日已经出现正的累积超额收益率，这种上升趋势一直维持到并购公告日，在（-10，0）窗口内平均累计超额收益达到 1.22%，在 1%的水平下显著，说明并购消息普遍在公告前已经泄露，在市场上引起积极反响。从公告后第 1 个交易日平均累积超额收益率开始逐渐下降，尤其在第 1~3 个交易日下滑明显，超额累计亏损达到 0.58%，在 1%水平下统计显著，这可以用公告日后投资者认为持有该股票已经无利可图，于是大量抛售来解释。由此也可以推测，并购公告前市场存在过度炒作现象。直至公告日后的第 15 天，累积

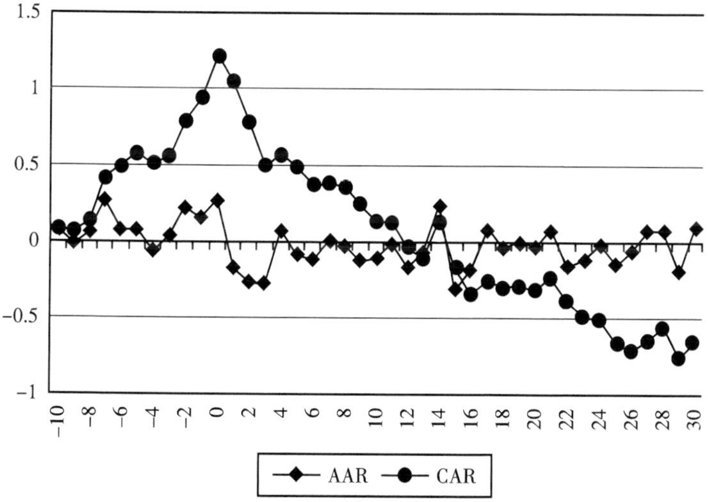

图 6-1 全样本 AAR 和 CAR 时序分布图

表 6-2 全样本累计超额收益率统计检验

	(-10, 30)	(-10, 0)	(1, 30)	(-2, 2)	(-5, 5)	(1, 3)	(1, 15)
CAR	-0.6731*	0.1348***	-1.8672***	-0.6474	-0.0125**	-0.5765***	-1.5954***
T 值	-2.190	5.520	-14.704	1.086	3.010	-10.721	-28.954
P 值	0.094	0.000	0.000	0.284	0.013	0.002	0.000

注：*** 表示单样本双尾 T 检验 1%水平显著，** 表示 5%水平显著，* 表示 10%水平显著。

超额收益率变为负，在（1，15）的窗口内累计超额收益率达到-1.60%，统计显著。这种短期尤其是并购前的增值效应，证明多元化并购成为拥有内幕消息人士短期投机的有利题材，多元化并购的短期价值效应是一种典型的投机价值效应。

2. 按最终控制人政府层级分组样本

从图 6-2 可看出，中央和地方子样本在（-10，0）的窗口期内累积超常收益都呈较大幅度上升，其中中央子样本上升幅度更大，达到 1.36%，与地方子样本的 0.93%差异显著。公告日前后的（-2，2）和（-5，5）窗口期内，地方子样本的累计超额收益为 0.69%和 0.18%，都大于中央子样本的-0.01%和-0.11%，并且在（-2，2）期间内两者差异在 1%水平下显著，说明地方国有上市公司的多元化并购短期炒作气氛更浓。并购公告日后，两组样本的超额收益都转为负，导致累计超额收益都呈下降态势，但中央子样本在（1，30）窗口期内下降幅度为 1.29%，较平稳，地方子样本的下滑幅度要明显得多，达到 3.06%，两者在 1%的

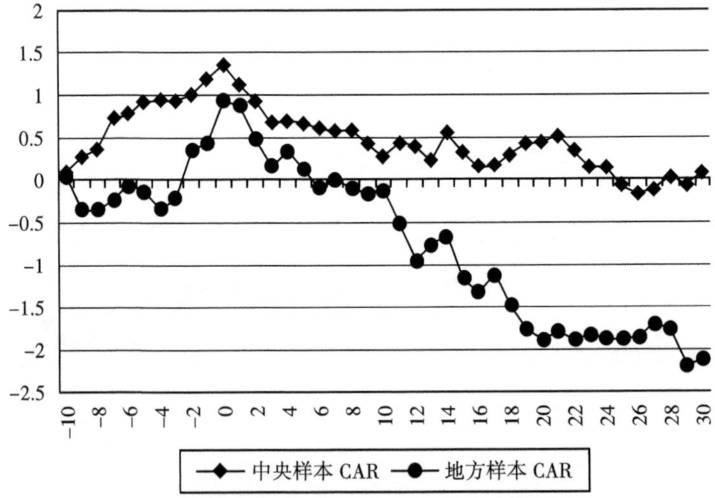

图 6-2 中央子样本和地方子样本 CAR 时序分布图

水平下差异显著。在整个窗口期（-10，30）内中央子样本的股东累计获得了0.07%的超额收益，而地方子样本股东的累计超额收益为-2.13%，中央子样本比地方子样本多获得2.20%的超额收益，在1%的统计水平下显著（见表6-3）。从这些结果可以看出，市场对中央国有上市公司的多元化并购行为予以认可，中央国有上市公司的多元化并购相对于地方国有上市公司短期市场绩效更好。

表6-3 中央子样本和地方子样本CAR统计检验结果

	(-10，30)	(-10，0)	(1，30)	(-2，2)	(-5，5)	(0，3)	(0，15)
中央子样本	0.0746*** (8.125)	1.3600*** (6.727)	-1.2853*** (-17.817)	-0.0145* (-2.400)	-0.1074** (-2.575)	-0.6925* (-3.484)	-1.0319*** (-12.818)
地方子样本	-2.1286*** (-4.905)	0.9349** (2.725)	-3.0635*** (-11.335)	0.6925*** (6.925)	0.1845** (2.725)	-0.7880 (-1.980)	-2.0917*** (-7.675)
均值差	2.2033*** (11.376)	0.4251** (7.364)	1.7782*** (7.130)	-0.7070*** (-7.022)	-0.2919 (-1.623)	0.0954 (-0.339)	1.0598*** (3.169)

注：每格内第二行括号内的数字为t值；*** 表示单样本或配对样本双尾T检验1%的水平显著，** 表示5%的水平显著，* 表示10%的水平显著。

3. 按政府干预程度分组样本

图6-3全样本中政府干预程度较高的样本公司组（以下简称"高政府干预组"）在整个窗口期（-10，30）内累计获得1.05%的超额收益，且在1%水平下统计显著，显示这些公司的多元化并购短期来看为股东创造了财富，而政府干预

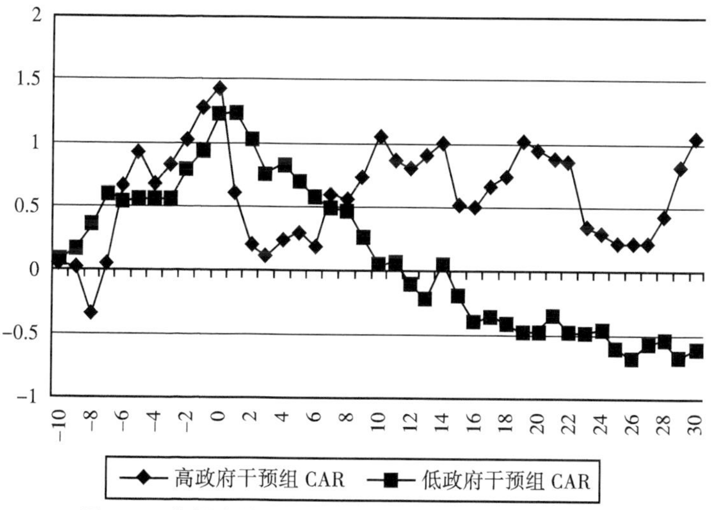

图6-3 全样本按政府干预程度分组CAR时序分布图

程度低的样本公司组（以下简称“低政府干预组”）在（-10，30）内累计产生0.60%的超额亏损，统计上并不显著。两者之间差异在1%水平下显著，证明总体来看，政府干预会显著影响多元化并购的短期市场绩效，政府干预程度高的国有上市公司多元化并购短期市场绩效更好，初步证实H6-1a。

从图6-4中可看到，中央子样本中高政府干预组一直到并购公告前4个交易日，累计超额收益率一直在0附近波动，显示并购消息可能尚未过早泄露。直到公告前第3个交易日，累计超额收益率开始快速上升，在并购前的（-10，0）窗口期内股东累计获得1.37%的超额收益率，在5%的水平下显著。公告日后，随着样本超额收益转为负，累计超额收益率呈缓慢下降趋势，窗口期（1，30）内股东财富累计毁损-2.11%，在1%水平下显著。低政府干预组的累计超额收益率数据显示，在发布公告前的第10个交易日累计超额收益已经为负，直至公告日变化幅度也不明显，证实市场可能已经提前很早获得了内幕消息。窗口期（-10，0）内股东累计毁损了-1.69%的财富，在1%的水平下显著，这与一般情况下公告前股东会获得正的累计超额收益有所不同，说明市场对低政府干预的中央国有上市公司多元化并购炒作意愿较低。而公告日后这些公司的累计超额收益进一步加速下滑，窗口期（1，30）内累计超额毁损高达8.79%，1%水平下显著。

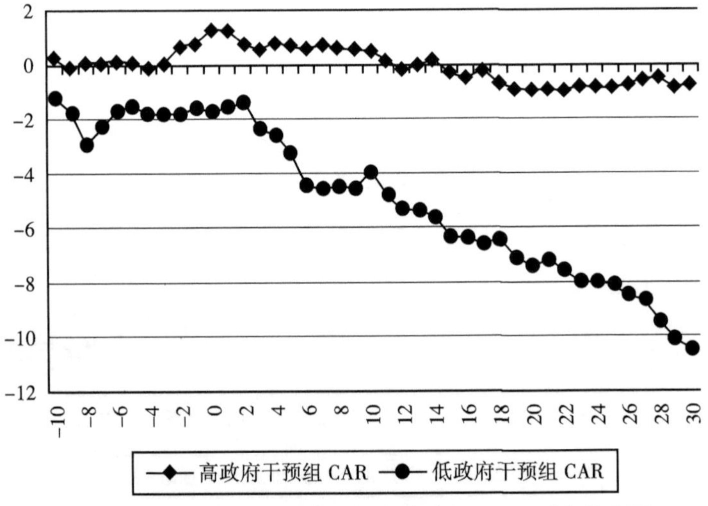

图6-4　中央子样本按政府干预程度分组CAR时序分布图

出现企业价值大幅缩水的原因可能是，这些公司的国有股比例较小，与政府的关系相对于高政府干预公司要疏远，投资者认为它们通过多元化并购获得政策性好处的概率较小，再加上多元化经营本身失败概率较高，因而对低政府干预组多元化并购持否定态度。整个窗口期内，中央子样本中高政府干预组的累计超额收益一直持续和显著高于低政府干预组，(−10，30) 内累计获得了−0.74%的超额收益，比低政府干预组高出 9.74%，在 1%水平下统计显著。由此可知，市场对高政府干预的中央国有上市公司多元化并购行为认可度高于低政府干预的中央国有上市公司，中央国有上市公司中政府干预程度高的公司多元化并购短期市场绩效更好。

从图 6−5 可看到，地方子样本中的高政府干预组和低政府干预组在 (−10，0) 窗口期内累积超常收益都大幅度上升，高政府干预组上升幅度达到 1.94%，高于低政府干预组的 1.16%，但这种差异并不显著。公告日后高政府干预组累计超额收益下降速度明显高于低政府干预组，到公告后第 3 个交易日累计超额收益仅为 0.035%，说明投资者对高政府干预的地方国有上市公司多元化并购炒作的成分更多。从第 4 个交易日开始，高政府干预组累计超额收益率又迅速上升，在 (1，30) 的窗口期内累计超额亏损为 0.05%，小于低政府干预组的 1.70%，均值差 1.65%在 1%水平下统计显著。在整个窗口期 (−10，30) 内高政

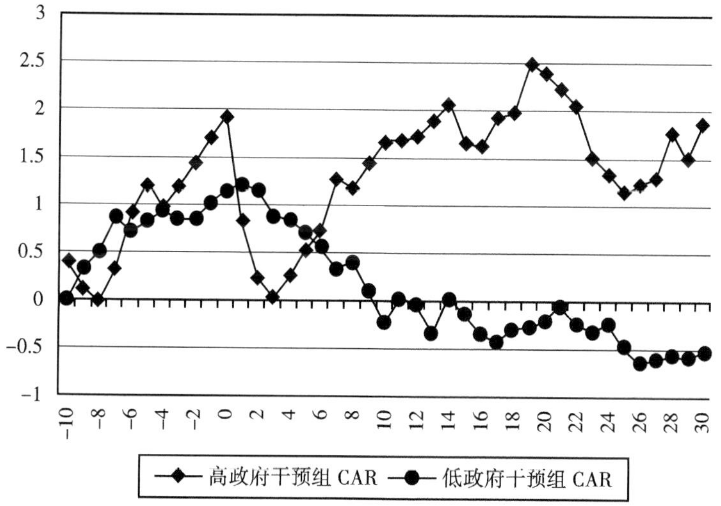

图 6−5 地方子样本按政府干预程度分组 CAR 时序分布图

府干预组的股东累计获得超额收益 1.89%，比低政府干预组的-0.54%高出 2.43%，并且统计显著（见表 6-4）。以上结果说明，地方国有上市公司中政府干预程度高的公司多元化并购短期市场绩效更好。这可能源于投资者认为政府干预程度高的公司能从多元化并购中获得更多政策性好处，而且这些公司的多元化并购传递着地方政府要支持和加快企业发展的信号，对公司未来的发展信心提升，引起市场剧烈反应。

表 6-4 按政府干预程度分组样本 CAR 统计检验结果

		(-10，30)	(-10，0)	(1，30)	(-2，2)	(-5，5)	(1，3)	(1，15)
全样本	高政府干预组	1.0511*** (9.820)	1.4486*** (3.448)	-0.3975*** (-14.977)	-0.6575 (0.301)	0.3605 (0.260)	-1.3356** (-7.376)	-0.9340*** (-10.481)
	低政府干预组	-0.6033 (1.349)	1.2394*** (5.932)	-1.8428*** (-12.482)	0.4587*** (5.672)	0.1663*** (4.011)	-0.4742 (-1.636)	-1.4238*** (-7.079)
	均值差	1.6544*** (4.405)	0.2091 (0.203)	1.4453*** (3.342)	-1.1161 (-1.680)	-0.5268* (-1.851)	-0.8614*** (-14.429)	0.4899 (-0.168)
中央子样本	高政府干预组	-0.7367 (-0.080)	1.3726** (2.265)	-2.1094*** (-11.811)	0.7341*** (6.631)	0.4887** (3.143)	-0.8073 (-2.254)	-1.6668*** (-8.112)
	低政府干预组	-10.4799*** (-11.120)	-1.6915*** (-13.030)	-8.7884*** (-9.708)	0.4433** (2.904)	-1.6405 (-1.789)	-0.6719 (-0.189)	-4.6409*** (-6.026)
	均值差	9.7431*** (13.427)	3.0641*** (12.096)	6.6790*** (8.395)	0.2908** (4.404)	2.1291*** (3.403)	-0.1355 (-1.720)	2.9741*** (4.732)
地方子样本	高政府干预组	1.8865*** (12.532)	1.9394*** (4.476)	-0.0529*** (-4.167)	-0.9640 (0.101)	-0.3876 (0.143)	-1.9040** (-6.615)	-0.2852*** (-4.551)
	低政府干预组	-0.5371** (2.118)	1.1643*** (7.331)	-1.7014*** (-12.001)	0.3061** (3.575)	-0.0128*** (4.443)	-0.2835 (-0.760)	-1.2840*** (-6.085)
	均值差	2.4236*** (6.492)	0.7751 (1.391)	1.6484*** (3.484)	-1.2701 (-0.595)	-0.3748 (-1.033)	-1.6205*** (-9.009)	0.9988 (0.023)

注：每格内第二行括号内的数字为 t 值；*** 表示单样本或配对样本双尾 T 检验 1%的水平显著，** 表示 5%的水平显著，* 表示 10%的水平显著。

4. 按内部人控制程度分组样本

图 6-6 所示全样本中内部人控制程度较高的样本公司组（以下简称“高内部人控制组”）在公告前（-10，0）累计获得 1.20%的超额收益，1%的显著性水平下高于低内部人控制组的 1.04%，而公告日后，这种情况发生了明显逆转，在窗口期（1，30）中高内部人控制组累计产生 2.48%的超额亏损，亏损程度在 1%的水平下高于低内部人控制组，说明高内部人控制公司获得超额收益能力的持续性

较差，市场对高内部人控制公司的股票炒作逐渐恢复理性，存在对错误定价的纠正行为。从整个窗口期（-10，30）看，高内部人控制组股东累计产生 1.28%的超额亏损，低内部人控制组股东累计产生 0.22%的超额收益，两者均值差异在 1%水平下显著，证实市场对内部人控制程度较高的国有上市公司从事多元化并购存在明显抵制情绪。由此可以得出结论，内部人控制对多元化并购的短期市场绩效具有显著影响，内部人控制程度较高的公司多元化并购的短期市场绩效更差，初步证实 H6-2a。

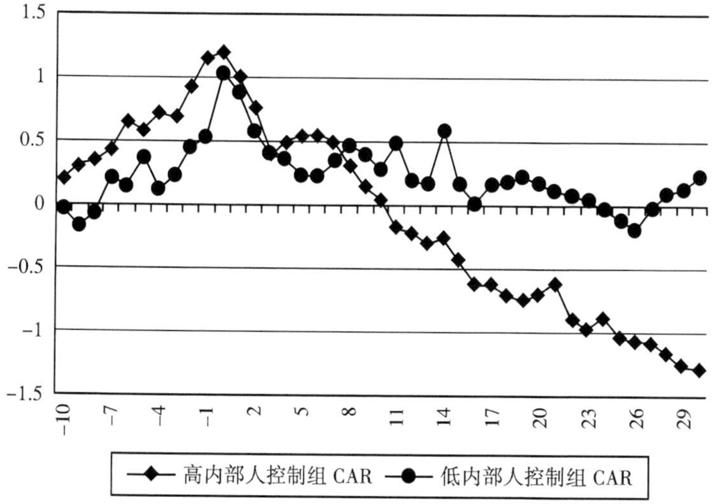

图 6-6　全样本按内部人控制程度分组 CAR 时序分布图

从图 6-7 和表 6-5 中可看到，高内部人控制的中央国有上市公司除在（-10，0）和（-2，2）的窗口期内，与低内部人控制组的累计超额收益差异不显著，其他期间累计超额收益均显著低于低内部人控制组，而且在（-10，30）整个窗口期内，超额收益累计达-4.47%，在 1%的水平下显著低于低内部人控制组的 0.33%，内部人控制程度高的公司多元化并购短期市场绩效更差。

从图 6-8 中可以发现，不管是地方国有上市公司中的高内部人控制组还是低内部人控制组，在公告日之前累计超额收益都为正且稳步上升，高内部人控制组的上升幅度更大，但两者间差异不显著。公告日后，高内部人控制组的超额收益急速下降，（1，30）内累计达到-2.56%，而低内部人控制组超额收益的下降较平

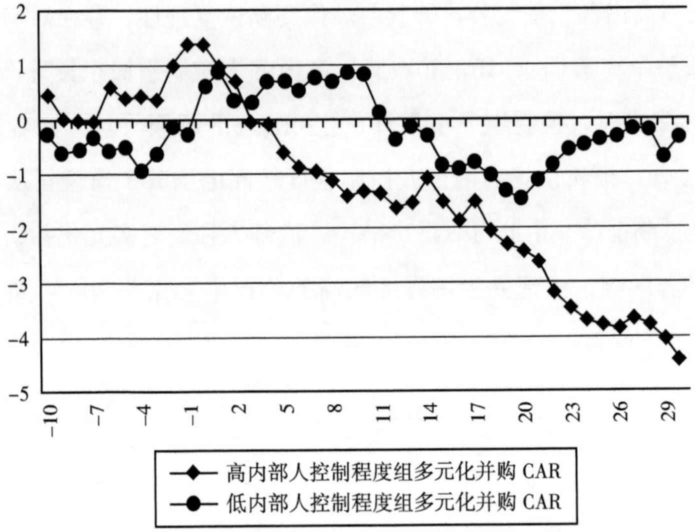

图 6-7 中央子样本按内部人控制程度分组 CAR 时序分布图

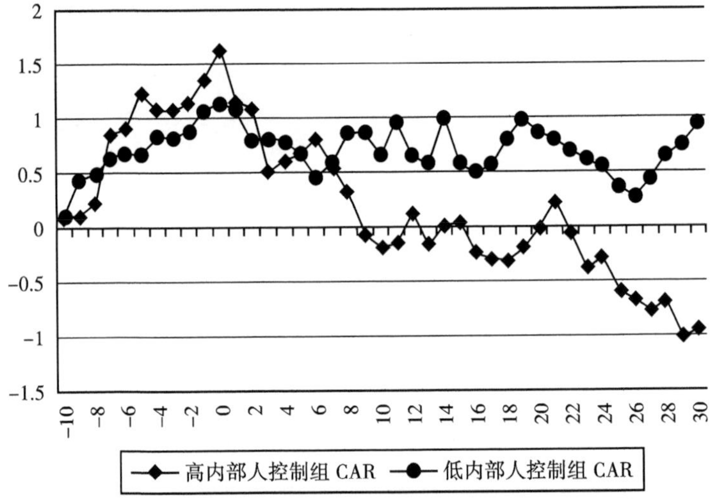

图 6-8 地方子样本按内部人控制程度分组 CAR 时序分布图

缓，(1，30) 内累计超额收益为–0.20%，两者间差异在 1%水平下显著。整个窗口期 (–10，30) 内低内部人控制组累计产生了正的超额收益 0.94%，说明内部人控制程度低的地方国有上市公司从事多元化并购短期内可以增加企业价值，而高内部人控制组的累计超额收益为–0.94%，是对企业价值的毁灭，而且差异通过了 1%的显著性检验，可见地方国有上市公司中内部人控制程度高的公司多元化

表 6-5 按内部人控制程度分组样本 CAR 统计检验结果

		(−10, 30)	(−10, 0)	(1, 30)	(−2, 2)	(−5, 5)	(1, 3)	(1, 15)
全样本	高内部人控制组	−1.2784 (−0.633)	1.2026*** (6.541)	−2.4810*** (−12.580)	0.0876** (4.178)	−0.1172 (0.191)	−0.8105 (−2.674)	−1.6347*** (−8.674)
	低内部人控制组	0.2176*** (5.856)	1.0375** (2.499)	−0.8198*** (−19.636)	0.3470** (4.169)	0.0978*** (3.950)	−0.6475* (−2.925)	−0.8800*** (−12.674)
	均值差	−1.4960*** (−3.147)	0.1652*** (7.915)	−1.6612*** (−7.690)	−0.2594 (−1.399)	−0.2150*** (−3.499)	−0.1630 (−1.028)	−0.7547*** (3.280)
中央子样本	高内部人控制组	−4.4697*** (−4.909)	1.3705*** (3.356)	−5.8402*** (−12.582)	0.3292*** (5.449)	−1.2116 (−0.417)	−1.4160 (−2.867)	−2.9076*** (−10.313)
	低内部人控制组	−0.3257** (−2.520)	0.5994*** (−3.249)	−0.9251*** (−6.195)	0.9724** (4.231)	1.2597*** (3.580)	−0.3043 (−0.577)	−1.4634* (−2.014)
	均值差	−4.1440*** (−4.187)	0.7712 (7.510)	−4.9151*** (−11.554)	−0.6432 (−0.641)	−2.4713* (−2.656)	−1.1117* (−3.744)	−1.4442*** (−9.614)
地方子样本	高内部人控制组	−0.9371* (2.018)	1.6257*** (5.670)	−2.5628*** (−16.167)	0.0165 (1.962)	−0.2243 (1.499)	−1.1184* (−3.419)	−1.5781*** (−10.786)
	低内部人控制组	0.9351*** (20.121)	1.1364*** (7.898)	−0.2013*** (−11.925)	−0.0310* (2.634)	0.0004*** (3.928)	−0.3248 (−2.472)	−0.5630 (−8.083)
	均值差	−1.8723*** (−4.977)	0.4892* (2.110)	−2.3615*** (−12.485)	0.0475 (0.249)	−0.2247 (−0.511)	−0.7936 (−2.631)	−1.0151*** (−7.248)

注：每格内第二行括号内的数字为 t 值；*** 表示单样本或配对样本双尾 T 检验 1%的水平显著，** 表示 5%的水平显著，* 表示 10%的水平显著。

并购短期市场绩效更差。

5. 按并购类型分组样本

从图 6-9、图 6-10、图 6-11 可以看到，无论是全样本中还是分组样本中从事相关多元化并购的样本组（以下简称“相关多元化组”）累计超额收益的时序分布在整个窗口期内几乎一直处于无关多元化并购的样本组（以下简称“无关多元化组”）上方，说明整体来看相关多元化组的并购短期市场绩效好于无关多元化组。全样本中两组的累计超额收益在并购公告前都呈上升趋势，(−10, 0) 期间内的累计超额收益分别为 1.13%和 0.74%，都在 1%水平下统计显著。公告日后两组的累计超额收益都有所下降，其中无关多元化组下降速度更快，公告后第 6 个交易日累计超额收益就降到 0 以下，出现了累计超额亏损，(1, 30) 的累计超额亏损达到 2.21%，整个窗口期 (−10, 30) 的累计超额亏损为 1.48%，均在 1%水平下显著异于 0，证实无关多元化并购短期内毁灭了企业价值。相关多元化组公告日后的累计超额收益下降较缓，最终 (−10, 30) 窗口的累计超额收益为 0.04%，统计上显著，说明整体来看相关多元化并购可以为企业创造财富。在整个窗口期，相关多元化组的累计超额收益均大于无关多元化组，两者在（-10，30）期间内的均值差统计显著，说明并购类型对短期市场绩效具有显著影响，初步证实 H6-3a。

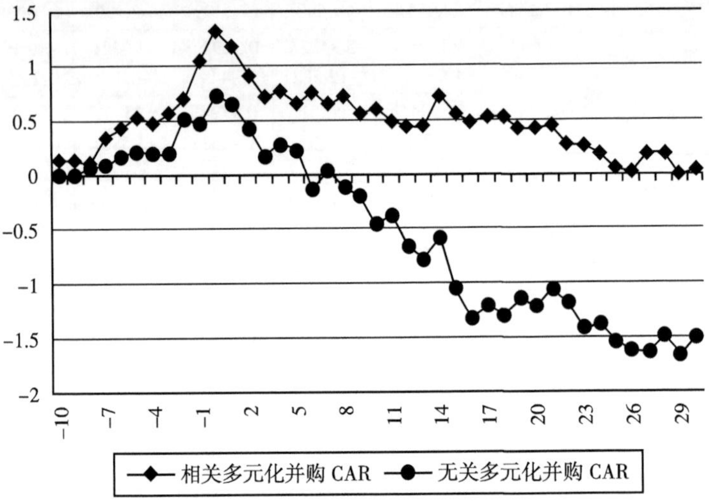

图 6-9　全样本按并购类型分组 CAR 时序分布图

图 6-10 中央子样本中的相关多元化组在公告前（-10，0）的累计超额收益为 1.58%，统计显著，同期无关多元化组的累计超额收益 1.25%，未通过显著性检验，相关多元化组的市场表现更好。公告后（1，30）期间内，无关多元化组的累计超额收益快速下降，在（1，30）内累计下降 2.11%，而相关多元化组仅缓慢下降了 0.57%，两者的差异统计显著。从整个窗口期（-10，30）来看相关多元化组累计创造了 1.01%的超额收益，具有显著性，而虽然无关多元化组产生了 0.86%的轻微累计超额亏损，统计上不显著，但两者的均值差在 1%水平下统计显著，说明并购类型对中央国有上市公司的短期市场业绩同样具有明显影响。

图 6-11 所示地方子样本中相关多元化组和无关多元化组的累计超额收益都从公告前第 10 个交易日开始上涨，直到公告日当天，两者走势差距较小，统计的显著性水平较低只有 10%。公告日后，两者同样出现了下降，无关多元化组下滑速度更快，在（1，30）期间内的累计超额亏损达到 2.98%，而相关多元化组

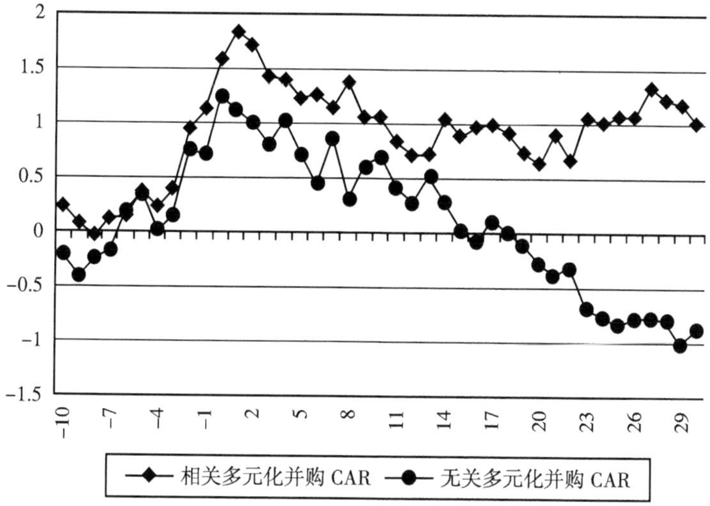

图 6-10　中央子样本按并购类型分组累计超额收益率时序分布图

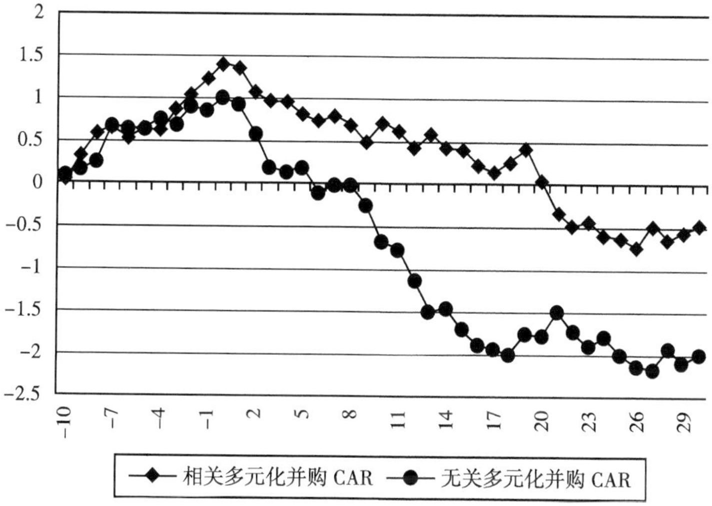

图 6-11　地方子样本按并购类型分组 CAR 时序分布图

的累计超额亏损也达到了 1.90%。在整个窗口期（-10，30）内，两组样本都出现了显著的累计超额亏损，说明两种类型的多元化并购都带来了价值毁损，并购类型对地方国有上市公司的短期市场业绩同样具有明显影响。按并购类型分组样本 CAR 统计检验结果见表 6-6。

表 6–6　按并购类型分组样本 CAR 统计检验结果

		(–10, 30)	(–10, 0)	(1, 30)	(–2, 2)	(–5, 5)	(1, 3)	(1, 15)
全样本	相关多元化组	0.0358***	1.3336***	–1.2978***	0.3612**	1.0928***	–0.6839***	–0.7702***
		(10.230)	(4.617)	(–16.646)	(4.502)	(5.016)	(–16.279)	(–13.122)
	无关多元化组	–1.4798***	0.7369***	–2.2167***	0.2332***	0.0603***	–0.5578	–1.7807***
		(–4.130)	(3.508)	(–11.574)	(6.402)	(3.302)	(–2.297)	(–7.242)
	均值差	1.5156***	0.5967***	0.9189***	0.1280	1.0325	–0.1261	1.0105*
		(10.534)	(5.379)	(7.367)	(1.507)	(–0.296)	(–2.519)	(2.715)
中央子样本	相关多元化组	1.0067***	1.5799**	–0.5732***	1.3246***	1.0928***	–0.1491	–0.6836***
		(13.120)	(3.070)	(–9.513)	(6.092)	(5.806)	(0.673)	(–4.653)
	无关多元化组	–0.8604	1.2508	–2.1111***	0.8435***	0.5245***	–0.4462*	–1.2164***
		(1.048)	(1.469)	(–9.937)	(7.741)	(4.433)	(–2.986)	(–7.747)
	均值差	1.8671***	0.3292***	1.5379***	0.4811*	0.5683***	0.2971***	0.5328***
		(8.307)	(4.987)	(6.264)	(2.269)	(6.579)	(12.453)	(3.811)
地方子样本	相关多元化组	–0.4874***	1.4140***	–1.9014***	0.2042***	0.2794***	–0.4525	–0.9980***
		(3.851)	(6.142)	(–10.531)	(4.735)	(5.926)	(–2.339)	(–9.682)
	无关多元化组	–1.9915***	0.9881***	–2.9796***	–0.1040*	–0.4509	–0.7957	–2.6944***
		(–3.751)	(6.688)	(–12.087)	(2.278)	(–0.284)	(–1.986)	(–6.609)
	均值差	1.5041***	0.4259*	1.0782***	0.3082**	0.7302***	0.3431	1.6964***
		(9.026)	(2.019)	(9.453)	(3.259)	(5.427)	(1.347)	(4.604)

注：每格内第二行括号内的数字为 t 值；*** 表示单样本或配对样本双尾 T 检验 1%的水平显著，** 表示 5%的水平显著，* 表示 10%的水平显著。

6. 按并购行业特征分组样本

图 6–12 中，控制行业多元化并购的样本组（以下简称“控制行业组”）在公告前第 10 个交易日已经出现正的累计超额收益，此后累计超额收益持续上升，尤其从公告前的第 4 个交易日上升趋势更加迅疾，在公告日达到峰值，(–10，0) 期间股东获得累计超额收益 1.69%，在 1%水平下统计显著。这可能是由于进入控制行业可以使企业享受政策壁垒保护和政策优惠，所以更容易成为市场关注和炒作的事件，公告前明显提升了公司价值。并购公告发布后，累计超额收益开始下降，其中降幅最大的（1，3）内累计下降 0.622%，（1，30）的累计降幅 1.61%，统计上都显著，说明市场对进入控制行业公司股票的炒作逐渐恢复理性，对前期的错误定价进行了回调。最终，在整个窗口期（–10，30）内控制行业样本组累计创造了 0.08%的超额收益，具有统计显著性，说明整体来看对控制行业

的多元化并购可以提高国有上市公司的短期市场业绩。对非控制行业多元化并购的样本组（简称“非控制行业组”）在除（1，3）以外的观察期内累计超额收益表现一直显著低于控制行业样本组，公告前也只在（-9，-4）内出现了累计超额收益的小幅上升，此后累计超额收益持续下滑，（-10，30）内产生累计超额亏损2.18%，在1%水平下统计显著，由此可见，通过多元化并购进入非控制行业对国有上市公司来讲短期内是一种价值毁损活动。在除（1，3）以外的其他窗口期，控制行业组的累计超额收益均显著大于非控制行业组，说明行业特征对多元化并购的短期市场绩效具有显著影响，对控制行业多元化并购的短期市场绩效好于对非控制行业，初步证实 H6-4a。这可能是因为进入非控制行业与国有经济向重点行业和领域集中的政策方针相偏离，而且在非控制行业中政策壁垒的保护被削弱，与更有活力、负担更轻的民营企业相比国有上市公司的竞争优势并不明显，再加上多元化经营本身具有较大风险，导致市场对国有上市公司通过多元化并购进入非控制行业的发展前景并不看好。

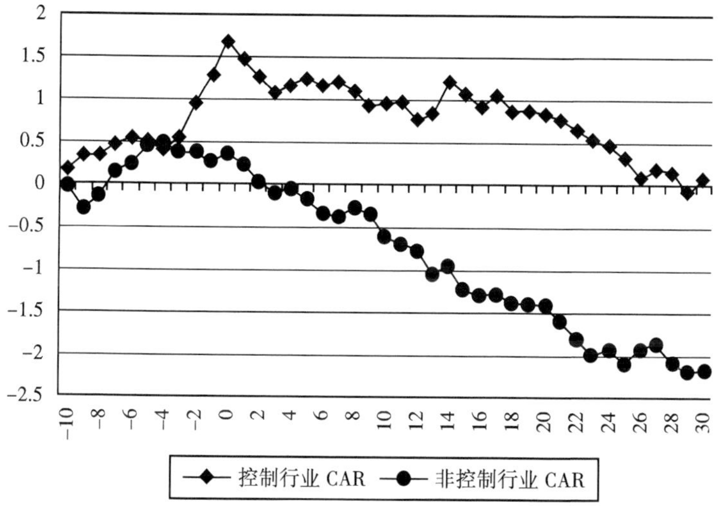

图 6-12　全样本按并购行业特征分组 CAR 时序分布图

图 6-13 显示中央子样本中的控制行业组直到公告前的第 6 个交易日累计超额收益一直接近于 0，显示市场对这些公司的并购消息获知较晚，第 4、第 5 两个交易日超额收益率出现的短暂下降，但之后迅速上升，直到公告日股东累计获

得 2.49%的显著超额收益率。这种先抑后扬的态势源于提前获取信息的投资者欲擒故纵的心态，他们认为市场会看好中央国有上市公司进入控制行业后的发展前景，为了进一步增加自己的投机收益，采用了一定的投机策略。而非控制行业组在公告前第 8、第 9 两个交易日累计超额收益就出现了下降，说明非控制行业组并购消息的外泄比控制行业组要早。随后累计超额收益缓慢上升，但这种变化仅是围绕 0 的小幅波动，统计上并不显著，说明提前获取信息的投资者虽然也有意愿对非控制行业的多元化并购事件进行炒作，但炒作空间较小。公告日后，控制行业组和非控制行业组的累计超额收益都有所下降，控制行业组的下降幅度明显较小，(1，30) 内的累计超额亏损为 1.74%，在 1%的显著性水平下低于非控制行业组的 4.62%。在整个窗口期内控制行业组的累计超额收益几乎都大于 0，非控制行业组的累计超额收益大部分在 0 以下，(−10，30) 内控制行业组的超额收益累计 0.75%，在 1%水平下大于非控制行业组的−4.58%，说明中央国有上市公司对控制行业多元化并购短期市场绩效更好。

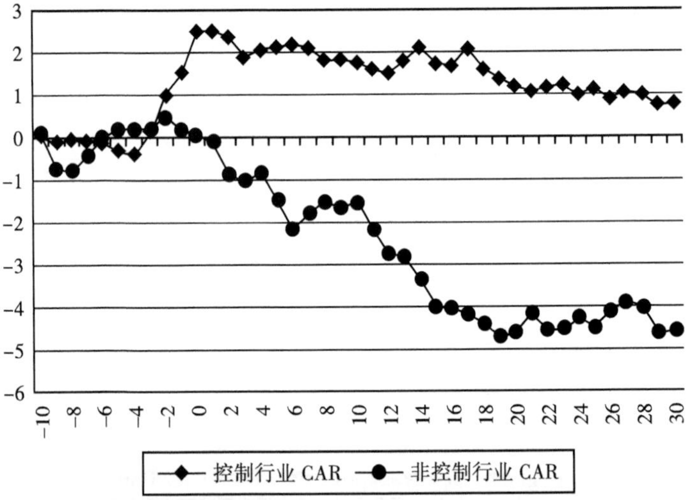

图 6–13　中央子样本按并购行业特征分组累计超额收益率时序分布图

从图 6–14 中可以看到市场对地方国有上市公司通过多元化并购进入控制行业给予了更加积极的反应，在整个窗口期内，其累计超额收益的趋势线一直处于非控制行业上方，并购公告前 (−10，0) 内累计超额收益达到 1.79%，在 1%的水平下显著高于非控制行业样本组的-0.08%。公告后控制行业组的累计超额收益结束了上升趋势，开始缓慢下滑，（1，30）内的累计超额收益为-2.01%，（-10，30）内的累计超额收益为-0.23%，统计上均显著，说明公告后市场也对前期炒作导致的错误定价进行了回调，总体来看地方国有上市公司对控制行业的多元化并购微弱地毁损了企业价值。非控制行业样本组的累计超额收益从公告前第9个交易日开始上涨，但上涨的时间和幅度都有限，公告前第4个交易日就结束了涨势，此后一路下滑，在（-10，30）内累计产生1.56%的超额亏损，亏损程度在1%显著性水平下高于控制行业组，证实市场对地方国有上市公司进入非控制行业较抵触，短暂的上涨也仅是炒作因素导致。表6-7中的统计检验结果可以为此提供佐证。并购公告前后，地方国有上市公司中的控制行业样本组短期市场表现均显著好于非控制行业样本组。但地方子样本中的控制行业样本组累计超额收益明显低于中央子样本中的控制行业样本组。

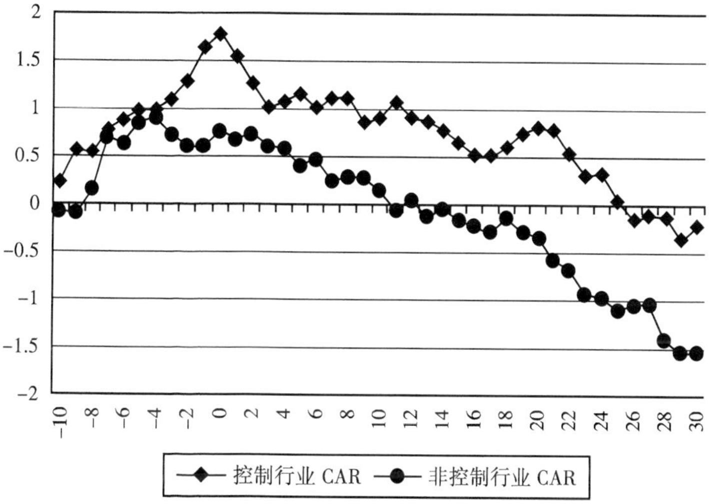

图 6-14　地方子样本按并购行业特征分组 CAR 时序分布图

表 6-7　按并购行业特征分组样本 CAR 统计检验结果

		(-10，30)	(-10，0)	(1，30)	(-2，2)	(-5，5)	(1，3)	(1，15)
全样本	控制行业组	0.0797*** (11.534)	1.6850*** (4.743)	-1.6053*** (-11.596)	0.7056*** (6.370)	0.7097*** (4.122)	-0.6172* (-3.601)	-0.6080*** (-12.471)
	非控制行业组	-2.1808*** (-5.461)	0.3475** (2.561)	-2.5283*** (-10.391)	-0.3438 (-2.042)	-0.4226 (-0.497)	-0.4483* (-3.082)	-1.5799*** (-7.273)

续表

		(–10，30)	(–10，0)	(1，30)	(–2，2)	(–5，5)	(1，3)	(1，15)
全样本	均值差	2.2605*** (12.422)	1.3375*** (3.609)	0.9230*** (6.994)	1.0494*** (6.640)	1.1323*** (3.217)	–0.1689** (–5.265)	0.9719** (2.395)
中央子样本	控制行业组	0.7535*** (9.651)	2.4920*** (3.336)	–1.7385*** (–9.850)	2.2212*** (6.026)	2.2331*** (4.406)	–0.6020 (–1.253)	–0.7579*** (–7.225)
	非控制行业组	–4.5794*** (–7.904)	0.0379 (0.436)	–4.6173*** (–11.904)	–1.1248 (–1.258)	–1.5039 (–1.364)	–1.0875 (–2.550)	–4.0784*** (–7.209)
	均值差	5.3329*** (10.414)	2.4540 (1.570)	2.8788*** (11.105)	3.3460** (4.357)	3.7370*** (3.652)	0.4855 (2.829)	3.3205*** (5.906)
地方子样本	控制行业组	–0.2260*** (–9.388)	1.7863*** (6.977)	–2.0124*** (–12.587)	0.1675** (4.073)	0.2775*** (4.351)	–0.7826* (–3.326)	–1.1227*** (–13.847)
	非控制行业组	–1.5557*** (–5.003)	–0.0765*** (–4.788)	–2.3310*** (–8.426)	0.0003 (1.455)	–0.2338 (–0.998)	–0.1676* (–3.046)	–0.9238*** (–6.498)
	均值差	1.3297*** (14.289)	1.8629*** (4.303)	0.3187* (1.909)	0.1673*** (4.722)	0.5113*** (3.293)	–0.6151* (–2.965)	–0.1989*** (–4.876)

注：每格内第二行括号内的数字为 t 值；*** 表示单样本或配对样本双尾 T 检验 1%的水平显著，** 表示 5%的水平显著，* 表示 10%的水平显著。

7. 按并购关联特征分组样本

从图 6-15 可以看到，全样本中从事关联型多元化并购的样本组（以下简称“关联并购组”）同从事非关联型多元化并购的样本组（以下简称“非关联并购组”）的累计超额收益在公告前都呈上升趋势，（–10，0）期间内的累计超额收益分别为 1.17%和 1.28%，都在 1%水平下统计显著。公告日后两组的累计超额收益都有所下降，其中关联并购组下降速度更快，公告后第 6 个交易日累计超额收益就降到 0 以下，出现了累计超额亏损，（1，30）的累计超额亏损达到 2.48%，整个窗口期（–10，30）内的累计超额亏损为 1.38%，均在 1%水平下显著异于 0，证实关联并购毁灭了企业价值。这一结论符合“价值侵害说”。非关联并购组公告日后的累计超额收益下降较缓，最终（–10，30）窗口期的累计超额收益为 0.20%，统计上显著，说明整体来看非关联并购可以为企业创造财富。在整个窗口期，非关联并购组的累计超额收益均大于关联并购组，两者间差异除（–2，2）和（–5，5）以外其他期间均统计显著，说明关联偏好对并购短期市场绩效具有显著负向影响，非关联并购组多元化并购的短期市场绩效好于关联并购组，初步证实 H6–5a。

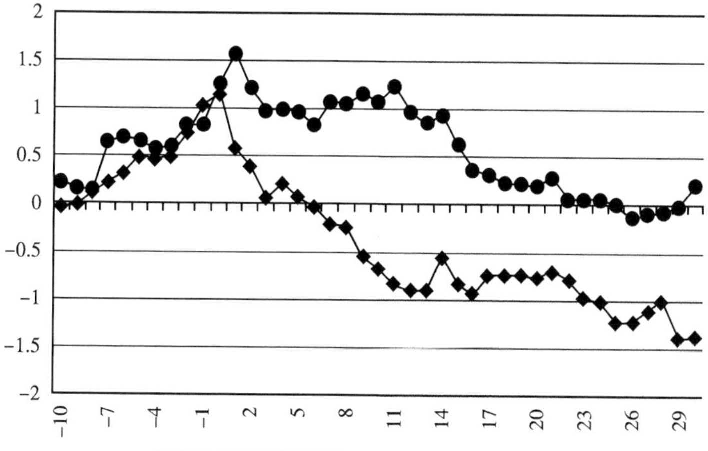

图 6-15　全样本按并购关联特征分组累计超额收益率时序分布图

图 6-16 中央子样本中的关联并购组在公告前（-10，0）内的累计超额收益为 0.91%，与 0 无显著差异，同期非关联并购组累计超额收益 0.97%，在 10%的水平下统计显著，非关联并购组市场表现略好。公告后（1，30）内，两组样本的累计超额收益都快速下降，其中关联并购组在（1，15）内累计下降 2.14%，非关联并购组下降 2.03%，两者差距也不大。虽然从公告后第 16 个交易日两组样本开始出现明显分化，关联并购样本组的累计超额收益维持在-1.5%左右波动，

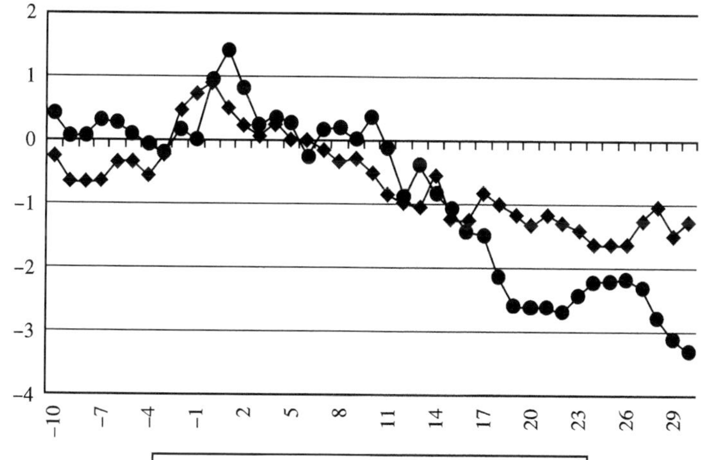

图 6-16　中央子样本按并购关联特征分组累计超额收益率时序分布图

而非关联并购组则加速下降，（1，30）内累计超额亏损达到 2.48%，在 1%水平下显著小于关联并购组的累计超额亏损 4.28%，但从整个窗口期（–10，30）来看，两组样本累计超额收益均值差未通过显著性检验。

如图 6–17 所示，地方子样本中关联并购组和非关联并购组的累计超额收益都从公告前第 10 个交易日开始上涨，直到公告日当天，两者走势基本重叠，统计上差异不显著。公告日后，两者出现较大差异，关联并购组累计超额收益迅速且持续下跌，其中下降速度最快的（1，3）期间累计超额亏损达到 1.24%，（1，15）期间累计超额亏损 1.94%，（1，30）期间为 2.48%，都在 1%或 5%的水平下统计显著，证实地方国有上市公司从事关联型多元化并购会显著毁灭企业价值。而非关联并购组在公告日后，（1，3）、（1，15）、（1，30）期间内的累计超额亏损仅为 0.08%、0.05%和 0.87%，统计上均不显著，且非关联并购组在整个窗口期（–10，30）内累计超额收益始终为正，具有很强的持续性和统计显著性，证实市场对地方国有上市公司从事非关联型多元化并购给予了积极反应，非关联型多元化并购短期内可以提升企业价值，比关联型多元化并购市场业绩更好。按关联特征分组样本累计超额收益率统计检验结果见表 6–8。

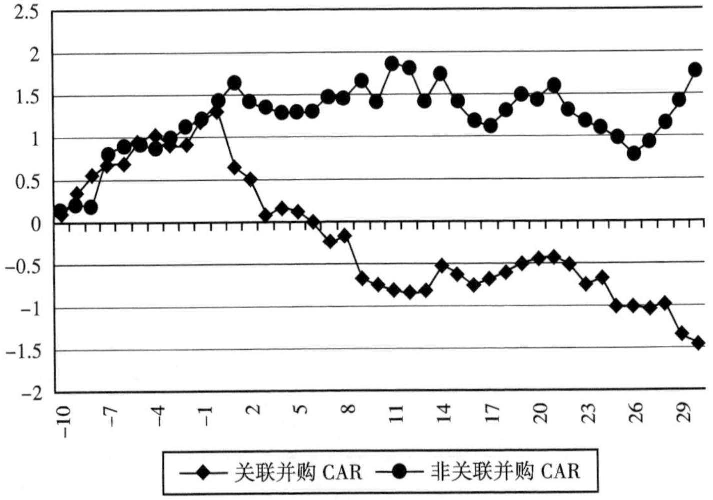

图 6–17　地方子样本按并购关联特征分组累计超额收益率时序分布图

表 6-8 按关联特征分组样本累计超额收益率统计检验结果

		(−10，30)	(−10，0)	(1，30)	(−2，2)	(−5，5)	(1，3)	(1，15)
全样本	关联并购组	−1.3802*** (−3.138)	1.1708*** (3.873)	−2.4810*** (−19.016)	−0.1118 (1.981)	−0.2503* (1.849)	−1.1032** (−5.296)	−2.0078*** (−11.321)
	非关联并购组	0.2043*** (8.172)	1.2772*** (6.024)	−0.8656*** (−7.547)	0.6030** (3.775)	0.2662** (2.829)	−0.2826 (−0.089)	−0.6502*** (−4.222)
	均值差	−1.5845*** (−10.371)	−0.1064** (−2.775)	−1.6154*** (−16.952)	−0.7147 (−1.081)	−0.5165 (−0.455)	−0.8206*** (−17.564)	−1.3576*** (−10.854)
中央子样本	关联并购组	−1.2470*** (−5.803)	0.9122 (−0.754)	−2.4810*** (−14.578)	0.4394*** (6.732)	0.3334*** (3.843)	−0.8391** (−5.012)	−2.1393*** (−8.982)
	非关联并购组	−3.3042*** (−3.947)	0.9652* (2.113)	−4.2756*** (−8.449)	1.0301** (3.491)	−0.0140 (0.625)	−0.7198 (−0.423)	−2.0283*** (−5.557)
	均值差	2.0572 (1.508)	−0.0530* (−2.135)	1.7883*** (2.805)	−0.5907 (−0.336)	0.3474*** (3.275)	−0.1193 (−2.396)	−0.1110*** (−3.002)
地方子样本	关联并购组	−1.4564 (−1.622)	1.3096*** (7.117)	−2.4810*** (−20.940)	−0.4075 (0.059)	−0.5635 (0.155)	−1.2449** (−5.271)	−1.9373*** (−12.197)
	非关联并购组	1.7627*** (19.216)	1.4154*** (6.077)	−0.8656 (−1.606)	0.4182** (4.059)	0.3947*** (4.692)	−0.0845 (0.460)	−0.0354 (1.591)
	均值差	−3.2192*** (−9.263)	−0.1059 (−0.162)	−1.6154*** (−20.567)	−0.8257 (−1.715)	−0.9582* (−1.835)	−1.1604** (−8.956)	−1.9019*** (−10.510)

注：每格内第二行括号内的数字为 t 值；*** 表示单样本或配对样本双尾 T 检验 1%的水平显著，** 表示 5%的水平显著，* 表示 10%的水平显著。

8. 按并购区域特征分组样本

从图 6-18 可发现，全样本中同区域多元化并购的样本公司组（以下简称“同区并购组”）累计超额收益的趋势相对较稳定，在整个窗口期内基本都为正，其中在（−10，0）、（1，30）和（−10，30）内分别获得了 1.17%、−0.80%和 0.36%的累计超额收益，并且显著性较高，达到 1%，说明整体来看同区多元化并购可以短期内提升企业价值。跨区域多元化并购的样本公司组（以下简称“跨区并购组”）在公告日前累计超额收益上升幅度较大，超过同区并购组，但持续性差，公告日之后快速下降，第 1 个交易日已经小于同区并购组，（1，30）内累计超额亏损达到 4.08%，（−10，30）内累计超额亏损 2.78%，都在 1%水平下统计显著，说明跨区多元化并购短期内毁灭了企业价值。在整个窗口期，除（−10，0）内同区并购组的累计超额收益小于跨区并购组，但差异并不显著外，其他期间同区并购组的累计超额收益均大于跨区并购组，并且在（−10，30）和（1，30）内均值差都通过了1%的统计检验，由此可见，从全样本来看，区域特征对多元化并购的短期市场绩效具有显著影响，同一区域内的多元化并购短期市场绩效更好，H6-6a得到初步证实。

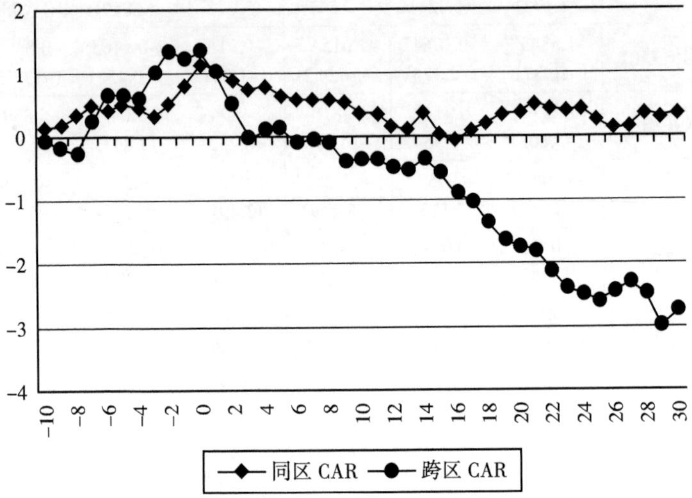

图6-18　全样本按并购区域特征分组CAR时序分布图

从图6-19可以看到，中央子样本中的同区并购组和跨区并购组的走势图没有表现出明显的差异，两者都是在公告前出现了累计超额收益的上升，(-10，0)期间分别产生了1.08%和1.16%的累计超额收益。公告日后两者的累计差额收益的下降也基本同步，(1，30)内的累计超额亏损分别为1.02%和1.14%。整个窗口期(-10，30)内的超额收益累计为0.06%和0.02%，说明不管同区还是跨区多元化并购，短期内总体上都可以增加中央国有上市公司的价值。从表6-9的统计结果看，虽然除(1，3)以外的各个窗口期两组样本的累计超额收益都在至少5%的水平下显著异于0，但(-10，0)、(1，30)和(-10，30)期间两者之间平均差并不具有显著性，由此得出结论：中央国有上市公司的同区多元化并购和跨区多元化并购短期市场业绩没有明显差异。

图6-20中，公告日前地方子样本中同区并购组的累计超额收益没有出现常见的上涨趋势，而始终维持在0以下，(-10，0)内产生累计超额收益为-0.10%，而跨区并购组累计超额收益一直大于0，且震荡上升，(-10，0)内的累计超额

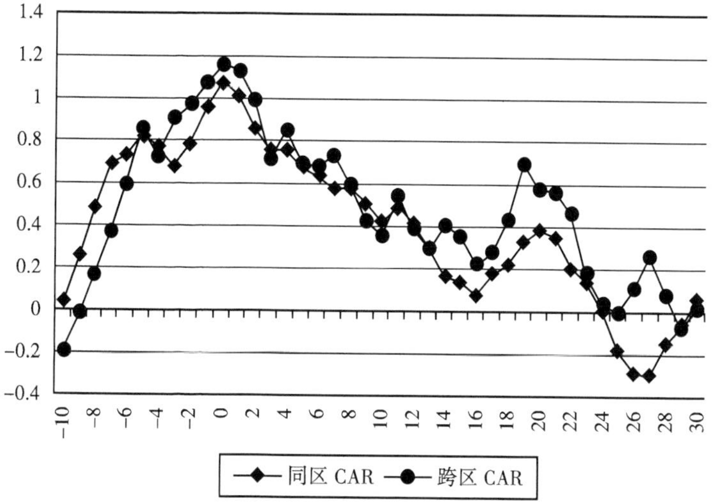

图 6-19 中央子样本按并购区域特征分组 CAR 时序分布图

收益达 1.82%，都具有统计显著性。具有戏剧性的是，公告日后两组累计超额收益走出明显的逆转趋势：同区并购组的累计超额收益维持在±1%之间，(1，30) 内的超额收益累计为 0.1%，(−10，30) 内为 0.01%。而跨区并购组的累计超额收益在公告日后一路下滑，(1，30) 内累计超额亏损达到 5.77%，(−10，30) 内产生累计超额亏损 3.96%。均值差的统计结果也显示，虽然跨区并购在公告前获得

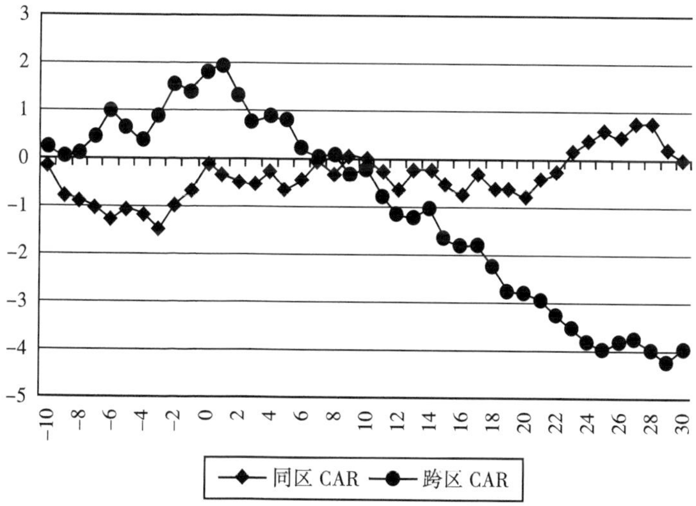

图 6-20 地方子样本按并购区域特征分组 CAR 时序分布图

表 6-9 按区域特征分组样本 CAR 统计检验结果

		(-10, 30)	(-10, 0)	(1, 30)	(-2, 2)	(-5, 5)	(1, 3)	(1, 15)
全样本	同区组	0.3642*** (10.417)	1.1653*** (5.692)	-0.8011*** (-15.949)	0.5745*** (5.079)	0.2405*** (4.071)	-0.4279 (-2.905)	-1.1309*** (-8.481)
	跨区组	-2.7471*** (-3.178)	1.3317*** (3.384)	-4.0788*** (-11.664)	-0.5220 (0.339)	-0.5379 (0.313)	-1.3422 (-2.757)	-1.9058*** (-12.865)
	均值差	3.1113*** (5.883)	-0.1664 (-0.880)	3.2777*** (8.862)	1.0965* (2.480)	0.7784 (1.642)	0.9143 (2.690)	0.7749*** (15.056)
中央子样本	同区组	0.0604*** (7.114)	1.0822*** (7.275)	-1.0218*** (-12.497)	0.1826*** (4.871)	-0.0492** (2.574)	-0.3251 (-2.820)	-0.9418*** (-8.400)
	跨区组	0.0211*** (8.703)	1.1648*** (4.340)	-1.1436*** (-13.300)	0.0925** (4.379)	0.1013*** (6.382)	-0.4532 (-1.764)	-0.8075*** (-8.583)
	均值差	0.0392 (-2.629)	-0.0826 (1.005)	0.1218 (-1.578)	0.0900*** (5.368)	-0.1504*** (-8.163)	0.1281 (0.200)	-0.1342 (0.916)
地方子样本	同区组	0.0078*** (-4.473)	-0.0969*** (-6.782)	0.1047 (-1.111)	0.9958*** (6.444)	0.6196*** (4.568)	-0.4674** (-5.389)	-0.4495*** (-3.954)
	跨区组	-3.9562*** (-3.256)	1.8175*** (4.186)	-5.7737*** (-10.105)	0.4331*** (5.935)	-0.1877 (0.894)	-1.0622 (-1.396)	-3.4965*** (-6.906)
	均值差	3.9640* (1.714)	-1.9144*** (-8.022)	5.8785*** (8.628)	0.5627 (2.097)	0.8074*** (3.287)	0.5947 (0.403)	3.0470*** (5.750)

注：每格内第二行括号内的数字为 t 值；*** 表示单样本或配对样本双尾 T 检验 1%的水平显著，** 表示 5%的水平显著，* 表示 10%的水平显著。

显著高于同区并购的超额收益，但持续性较差，公告日后（1，15）和（1，30）期间内同区并购的累计超额收益都显著高于跨区并购，最终在整个窗口期（-10，30）内，同区并购组的累计超额收益在 10%水平下明显高于跨区并购。可见，整体来看，地方国有上市公司同区多元化并购的短期市场业绩要好于跨区并购。

五、实证结果及分析

表 6-10 报告了模型（6-1）的多元回归结果。全样本和各分组样本中政府干预 Gov、多元化并购类型 Typ 与并购短期业绩 CAR 都呈显著正相关关系，内部人控制 Ins 与并购短期业绩呈显著负相关关系，证实政府干预、内部人控制和多元化并购类型会显著影响多元化并购短期市场业绩，支持 H6-1a、H6-2a 和 H6-3a。

全样本的行业偏好 Con 与短期业绩显著正相关，说明整体来看进入控制行业可以短期内为企业创造价值，多元化并购的行业偏好可以显著影响短期业绩，假设 6-4a 被接受。这种正相关关系在中央子样本中显著，但在地方子样本中却不显著，这可能是因为：地方国有上市公司进入控制行业很大程度上是地方政府为响应中央号召或享受政策优惠而发动的行为，从企业角度讲，进入控制行业虽然使它们更容易享受政策保护和政策优惠，但企业核心竞争力的提升依赖于并购后实现有效整合，发挥协同效应。依靠行政手段促成的多元化并购，往往战略性导向不足，导致经营风险加大，而且随着企业规模扩大，组织成本上升，从长远来看能否提高企业盈利能力具有很大不确定性，所以市场未对其做出明显的积极反应。

表 6-10 政府干预、内部人控制对多元化并购短期绩效影响多元回归结果

	全样本	中央国有上市公司	地方国有上市公司
Gov	0.072** (2.082)	0.079** (2.650)	0.068* (1.811)
Ins	−0.086** (−2.235)	−0.198* (−1.798)	−0.081** (−2.527)
Typ	0.103** (2.077)	0.083*** (5.074)	0.027* (1.902)
Con	0.079* (1.906)	0.217** (2.086)	−0.006 (−0.041)
Rel	−0.147** (−2.132)	−0.302 (0.124)	−0.081*** (−4.864)
Reg	0.162** (2.543)	0.004 (0.031)	0.208** (2.445)
Roe	−0.004 (−0.031)	−0.005 (−0.972)	−0.007 (−0.979)
Cash	0.002 (0.007)	0.048 (1.032)	0.016 (0.897)
Growth	0.011 (0.376)	0.029 (0.591)	0.055 (1.047)
Size	0.018 (0.006)	0.005 (0.312)	0.052 (1.032)
Dfl	0.002 (0.153)	−0.011 (−0.048)	0.001 (0.189)
Cen	0.000 (0.107)	−0.000 (−0.419)	0.0020 (0.259)
F 值	58.638***	42.236***	32.305***
Adjusted R Square	0.113	0.126	0.121
观测值	594	183	411

注：每格内第二行括号内的数字为 t 值；***、**、* 分别代表在 1%、5%和 10%的水平下显著；限于篇幅，年度和行业哑变量的结果没有列示。

全样本的中关联偏好 Rel 显著负向影响短期业绩，H6-5a 被证实。但中央子样本中负相关关系却不显著，其原因可能是，中央政府掌控着庞大的经济资源，就业直接压力相对较小，为维护形象而更可能约束自身行为，轻易不会通过干预中央国有上市公司的关联型多元化并购来侵害其他股东利益。而且无论中央相关部委还是国内外媒体对央企资本投向监督力度较大，有关信息披露及时性强，透明度较高，也一定程度降低了中央国有上市公司利用关联并购寻租的可能性，因此投资者未对中央国有上市公司的关联并购报以明显的抵触情绪。

全样本中的区域偏好 Reg 与并购短期业绩正相关，证实同区域多元化并购可以带来企业短期业绩的上升，H6-6a 被证实。这种正向影响主要体现在地方子样本中，中央子样本的区域偏好与短期业绩的关系不显著。中央国有上市公司凭借中央政府更高的行政权力，较容易打破地区间的经济封锁，选择目标公司时更看重资源优势，依据市场原则做出跨区并购决策。而被并企业所在地政府普遍认同与央企对接，在并购交易完成后，仍会表现出积极态度，而不敢故意“刁难”。由此可以预见，中央国有上市公司的跨区多元化并购有利于提高资源配置效率和发挥并购的治理效应，实现业绩提高。在同区多元化并购中，因并购方掌握了相对充分的被并企业、竞争对手和所处地区市场信息，且没有地方保护的阻碍，大大降低了并购风险，也为价值创造奠定了基础。所以中央国有上市公司的多元化并购是否发生在同一行政区域内对短期业绩提高的影响可能并不大。

第三节　政府干预、内部人控制与多元化并购长期财务业绩

一、模型设计与变量定义

为实证检验政府干预、内部人控制和并购类型、并购偏好因素对多元化并购

长期财务业绩的影响，本书除了进行单因素分组检验外，为了尽可能地控制其他因素的影响，还要对以上因素和并购绩效进行横截面多元统计回归。建立的多元回归模型如下：

$$\overline{\Delta Per} = \beta_0 + \beta_1 Gov + \beta_2 Ins + \beta_3 Typ + \beta_4 Con + \beta_5 Rel + \beta_6 Reg + \beta_7 Roe + \beta_8 Cash + \beta_9 Growth + \beta_{10} Size + \beta_{11} Dfl + \beta_{12} Cen + \sum Year + \sum Ind + \varepsilon \quad (6-2)$$

模型中各变量定义见表 6-11：

表 6-11 变量定义

变量类型	变量名称	变量符号	变量定义
被解释变量	并购长期绩效	$\overline{\Delta Per}$	根据并购前一年末的指标体系运用因子分析法提取并购前的绩效综合得分 Per_{-1}，根据并购后三年指标的均值提取并购后的绩效综合得分 $\overline{Per_{1-3}}$，$\overline{\Delta Per} = \overline{Per_{1-3}} - Per_{-1}$
解释变量	政府干预程度	Gov	国有股比例和法人股比例之和
	内部人控制程度	Ins	内部董事人数/董事会成员人数
	并购类型	Typ	相关多元化并购取值为 1，无关多元化并购取值为 0
	行业偏好	Con	被并购企业处于控制行业取值为 1，否则为 0
	关联偏好	Rel	关联并购取值为 1，否则为 0
	区域偏好	Reg	并购企业和被并购企业处于同一省取值为 1，否则为 0
控制变量	并购前公司业绩	Roe	并购前一年末净资产收益率
	并购前公司自由现金流	Cash	并购前一年末每股自由现金流
	公司成长性	Growth	并购前一年末主营业务收入增长率
	公司规模	Size	并购前一年末公司总资产的自然对数
	公司财务风险	Dfl	并购前一年末财务杠杆系数
	股权集中度	Cen	并购前一年末第一大股东持股比例
	年度哑变量	Year	根据样本（2003~2010）年限设八个年度哑变量
	行业哑变量	Ind	根据样本所处 12 个行业设 11 个行业哑变量

二、样本选取与数据来源

考虑到研究连续性，以及便于同短期绩效进行比较分析，本节延续使用第六章第二节样本。长期绩效计算所需的财务数据来源于 CCER 数据库，数据处理使用统计软件 SPSS 21。

三、多元化并购长期绩效得分计算

与事件研究法常用于衡量并购后短期绩效相对应，会计指标研究法一般用于衡量并购后中长期绩效。会计指标研究法运用企业单一的关键财务指标（如净资产收益率、每股收益、每股现金流量、资产周转率等）或财务指标体系来评价公司的经营绩效，比较并购前后财务绩效的变化，反映并购对公司绩效的影响。从企业多元化并购的动机和原因来看，只有部分是为了提高利润指标，有的企业是为了降低交易费用、消除市场外部性和交易不确定性导致的机会主义行为，其目标更多是考虑企业经营的安全性和稳定性，并不是单纯为了企业利润，其并购的长期绩效也不能完全用利润指标来衡量。而且为避免单一财务指标受人为操纵，本书从偿债能力、获利能力、发展能力和运营能力四个维度选择了 12 个财务指标，[①] 采用因子分析法计算样本因子综合得分，构建了一个综合绩效指标来衡量多元化并购的长期财务绩效。

1. 因子分析的基本思想

因子分析是 20 世纪最早诞生于心理学领域的多变量技术，首先运用于人类行为研究，之后逐渐扩展到管理、经济、教育等多个领域。因子分析旨在利用降维的思想，把多指标转化为少数几个综合指标。

假设有 n 个变量 X_1，X_2，…，X_n，利用因子分析法的思想如下：

首先对原始变量加以标准化，使每个变量平均值等于 0，方差等于 1，以消除量纲不同引起的不合理影响。

其次提取因子并求解因子载荷矩阵。计算出标准化样本的相关矩阵 T。仍用 X 表示标准化后的数据，则相关系数的关系为：

$$R_{ij} = \frac{1}{n-1}\sum_{t=1}^{n} x_{ti}x_{tj} \quad (i, j = 1, 2, \cdots, n)$$

① 偿债能力指标包括流动比率、速动比率、资产负债率；获利能力指标包括净资产收益率、营业利润率、成本费用利润率；发展能力指标包括资产保值增值率、固定资产增长率、总资产增长率、每股净资产增长率；运营能力指标包括流动资产周转率、总资产周转率。

计算相关矩阵T的特征值与特征向量。由特征向量 λ_1，λ_2，…，λ_n 得到反映公司财务绩效的因子 F_1，F_2，…，F_n；也是 X_1，X_2，…，X_n 的线性组合：

$$
\begin{cases}
F_1 = \alpha_{11}X_1 + \alpha_{12}X_2 + \cdots + \alpha_{1n}X_n \\
F_2 = \alpha_{21}X_1 + \alpha_{22}X_2 + \cdots + \alpha_{2n}X_n \\
\vdots \\
F_n = \alpha_{n1}X_1 + \alpha_{n2}X_2 + \cdots + \alpha_{mn}X_n
\end{cases}
$$

F_1 是 X_1，X_2，…，X_n 线性组合中方差最大者，最能代表指标的综合经济意义，在综合评价模型里影响作用最大，F_1，F_2，…，F_n 的影响力按从大到小排序，且让原来p个指标所包含的n个个体的综合指标值的差异尽可能大，以尽量减少综合指标的数目，且各综合指标之间相关，求出的因子载荷矩阵就是上述模型的系数。在实际应用中通常只保留前几个方差较大的综合因子，而将方差很小的综合因子予以剔除，保留的综合因子累积方差贡献率要达到85%以上，以实现用尽可能少的因子反映尽可能多的信息。

再次载荷矩阵分析。由于各指标之间具有相关性，需要去除指标之间的多重共线性。采用因子分析法以降维为目的，用较少的综合指标荷载存在于各指标中的信息，这些荷载全部信息的指标能反映出在综合业绩中起支配作用的因素。

最后计算因子得分和综合得分。原各变量值的加权总和就是因子得分，权数的大小反映变量对因子的重要程度。本书对因子得分系数的估计用最小二乘回归法。最终根据计算得到的因子得分和因子方差贡献率计算出综合得分函数。

2. 分析步骤

（1）KMO和Bartlett检验。

因子分析前先要检验因子分析的适用性，本书使用KMO和Bartlett检验对594个样本的12个财务指标进行检验，来验证因子分析的适用性。KMO检验变量之间的偏相关性，统计量取值为0~1，数值越大因子分析的方法越适用。实际使用中，统计量在0.7以上时一般认为使用因子分析效果较好，0.5以下不适用。Bartlett检验以变量的相关系数矩阵为出发点，检验相关系数矩阵是否为单位阵，若拒绝原假设，说明变量的相关系数矩阵不是单位阵，适用因子分析。

如表 6-12 所示，并购前一年（Y_{-1}）、并购当年（Y_0）、并购后第一年（Y_1）、并购后第二年（Y_2）、并购后第三年（Y_3）和并购后三年平均（$Y_{1\sim3}$）的 KMO 值均大于 0.5，且 Bartlett 相伴概率均为 0.0000，认为四年样本都适合进行因子分析。

表 6-12 样本公司并购前后财务业绩得分的 KMO 和 Bartlett 检验

		Y_{-1}	Y_0	Y_1	Y_2	Y_3	$Y_{1\sim3}$
KMO		0.621	0.606	0.538	0.551	0.535	0.503
Bartlett 的球形度检验	近似卡方	8251.83	3842.94	5120.43	4155.81	6674.33	6696.03
	df	66	66	66	66	66	66
	Sig.	0.0000	0.0000	0.0000	0.0000	0.0000	0.0000

（2）求特征值、特征向量和贡献率。

根据表 6-13 中的特征值和贡献率计算结果，前 6 个因子的累计方差贡献率分别达到 88.512%、78.620%、78.884%、77.099%、74.019%和 75.211%，达到了较高的解释水平，本书提取前 5 个主成分的因子载荷量，构造公司的综合业绩变量 Per，Per 是各绩效综合因子的线性组合。构建的综合绩效模型如下：

并购前一年：$Per_{-1} = 0.24376F_1 + 0.20747F_2 + 0.19223F_3 + 0.15721F_4 + 0.08445F_5$

并购当年：$Per_0 = 0.20503F_1 + 0.19355F_2 + 0.15060F_3 + 0.11926F_4 + 0.11776F_5$

并购后第一年：$Per_1 = 0.20746F_1 + 0.17146F_2 + 0.16268F_3 + 0.15149F_4 + 0.09574F_5$

并购后第二年：$Per_2 = 0.19485F_1 + 0.17533F_2 + 0.14869F_3 + 0.13800F_4 + 0.11412F_5$

并购后第三年：$Per_3 = 0.19388F_1 + 0.16813F_2 + 0.14812F_3 + 0.12944F_4 + 0.10062F_5$

并购后三年平均：$Per_{1\sim3} = 0.21141F_1 + 0.16716F_2 + 0.15021F_3 + 0.11421F_4 + 0.10912F_5$

表 6-13 解释的总方差

	成分	初始特征值			提取平方和载入			旋转平方和载入		
		合计	方差的%	累积%	合计	方差的%	累积%	合计	方差的%	累积%
Y_{-1}	1	3.365	28.043	28.043	3.365	28.043	28.043	2.925	24.376	24.376
	2	2.943	24.523	52.566	2.943	24.523	52.566	2.490	20.747	45.123
	3	1.908	15.900	68.466	1.908	15.900	68.466	2.307	19.223	64.346
	4	1.411	11.758	80.223	1.411	11.758	80.223	1.887	15.721	80.067
	5	0.995	8.288	88.512	0.995	8.288	88.512	1.013	8.445	88.512

续表

	成分	初始特征值			提取平方和载入			旋转平方和载入		
		合计	方差的%	累积%	合计	方差的%	累积%	合计	方差的%	累积%
Y_0	1	2.901	24.177	24.177	2.901	24.177	24.177	2.460	20.503	20.503
	2	2.418	20.148	44.325	2.418	20.148	44.325	2.323	19.355	39.859
	3	1.698	14.146	58.471	1.698	14.146	58.471	1.807	15.060	54.918
	4	1.344	11.200	69.672	1.344	11.200	69.672	1.431	11.926	66.844
	5	1.074	8.948	78.620	1.074	8.948	78.620	1.413	11.776	78.620
Y_1	1	2.913	24.278	24.278	2.913	24.278	24.278	2.490	20.746	20.746
	2	2.409	20.072	44.350	2.409	20.072	44.350	2.058	17.146	37.892
	3	1.632	13.600	57.950	1.632	13.600	57.950	1.952	16.268	54.160
	4	1.448	12.065	70.015	1.448	12.065	70.015	1.818	15.149	69.309
	5	1.064	8.869	78.884	1.064	8.869	78.884	1.149	9.574	78.884
Y_2	1	2.871	23.922	23.922	2.871	23.922	23.922	2.338	19.485	19.485
	2	2.434	20.285	44.207	2.434	20.285	44.207	2.104	17.533	37.018
	3	1.643	13.691	57.898	1.643	13.691	57.898	1.784	14.869	51.887
	4	1.259	10.492	68.39	1.259	10.492	68.39	1.656	13.8	65.687
	5	1.045	8.708	77.099	1.045	8.708	77.099	1.369	11.412	77.099
Y_3	1	2.765	23.04	23.04	2.765	23.04	23.04	2.327	19.388	19.388
	2	2.028	16.9	39.94	2.028	16.9	39.94	2.018	16.813	36.201
	3	1.642	13.681	53.621	1.642	13.681	53.621	1.777	14.812	51.013
	4	1.445	12.044	65.665	1.445	12.044	65.665	1.553	12.944	63.957
	5	1.067	8.889	74.554	1.067	8.889	74.554	1.207	10.062	74.019
Y_{1-3}	1	2.743	22.861	22.861	2.743	22.861	22.861	2.537	21.141	21.141
	2	1.997	16.641	39.502	1.997	16.641	39.502	2.006	16.716	37.857
	3	1.727	14.393	53.895	1.727	14.393	53.895	1.802	15.021	52.878
	4	1.446	12.046	65.941	1.446	12.046	65.941	1.371	11.421	64.299
	5	1.112	9.27	75.211	1.112	9.27	75.211	1.309	10.912	75.211

（3）建立因子载荷矩阵。

为了方便对公共因子进行解释，按照方差最大法对正交旋转矩阵进行旋转，[①] 得到经标准化处理后的前 6 个主成分的载荷矩阵，见表 6-14 至表 6-19。从中可以看出，通过因子旋转，因子载荷发生了变化。

① 旋转方法：Varimax with Kaiser Normalization。

表 6–14 并购前一年（Y_{-1}）方差最大旋转后的因子结构

指标	因子				
	1	2	3	4	5
流动比率（X_1）	–0.018	0.965	0.11	–0.03	0.032
速动比率（X_2）	–0.001	0.965	0.116	–0.019	0.021
资产负债率（X_3）	–0.103	–0.63	–0.273	0.132	0.136
净资产收益率（X_4）	–0.013	0.019	0.831	0.235	0.031
营业利润率（X_5）	–0.018	0.181	0.914	–0.102	–0.029
成本费用利润率（X_6）	–0.039	0.417	0.818	–0.156	0.056
资本保值增值率（X_7）	0.995	0.021	–0.006	0.026	0.03
固定资产增长率（X_8）	0.021	–0.043	0.032	–0.034	0.99
总资产增长率（X_9）	–0.974	–0.015	0.065	0.005	0.055
每股净资产增长率（X_{10}）	0.985	0.034	0.018	0.043	0.049
流动资产周转率（X_{11}）	0.037	–0.137	0.056	0.929	–0.038
总资产周转率（X_{12}）	0.018	–0.011	–0.044	0.954	0.001

表 6–15 并购当年（Y_0）方差最大旋转后的因子结构

指标	因子				
	1	2	3	4	5
流动比率（X_1）	0.009	0.968	–0.073	–0.037	0.048
速动比率（X_2）	0.007	0.970	–0.053	–0.037	0.038
资产负债率（X_3）	–0.004	–0.467	0.046	0.699	–0.272
净资产收益率（X_4）	–0.033	0.080	0.030	0.899	0.204
营业利润率（X_5）	0.000	–0.051	0.034	0.146	0.876
成本费用利润率（X_6）	0.153	0.444	–0.060	–0.150	0.642
资本保值增值率（X_7）	0.921	0.028	0.048	–0.092	0.141
固定资产增长率（X_8）	0.400	0.028	–0.074	0.076	–0.161
总资产增长率（X_9）	0.915	–0.023	–0.002	0.095	0.007
每股净资产增长率（X_{10}）	0.768	0.011	0.098	–0.246	0.254
流动资产周转率（X_{11}）	0.003	–0.127	0.935	0.000	0.047
总资产周转率（X_{12}）	0.009	–0.003	0.949	0.052	–0.039

表 6–16 并购后第一年（Y_1）方差最大旋转后的因子结构

指标	因子				
	1	2	3	4	5
流动比率（X_1）	0.961	0.038	0.006	–0.047	0.056
速动比率（X_2）	0.963	0.035	–0.017	–0.026	0.050
资产负债率（X_3）	–0.619	0.082	–0.259	0.083	0.168
净资产收益率（X_4）	0.100	0.152	0.875	0.122	0.099

续表

指标	因子				
	1	2	3	4	5
营业利润率（X_5）	−0.051	−0.011	0.792	0.022	−0.023
成本费用利润率（X_6）	0.477	0.082	0.664	−0.117	0.074
资本保值增值率（X_7）	0.021	0.979	0.083	0.045	0.100
固定资产增长率（X_8）	−0.021	−0.091	−0.043	−0.034	0.840
总资产增长率（X_9）	0.004	0.339	0.183	0.092	0.618
每股净资产增长率（X_{10}）	−0.010	0.966	0.058	0.043	0.010
流动资产周转率（X_{11}）	−0.114	0.040	0.067	0.931	−0.009
总资产周转率（X_{12}）	−0.028	0.052	−0.002	0.948	0.045

表 6–17　并购后第二年（Y_2）方差最大旋转后的因子结构

指标	因子				
	1	2	3	4	5
流动比率（X_1）	0.958	0.011	−0.086	0.042	0.016
速动比率（X_2）	0.960	0.022	−0.044	0.009	0.035
资产负债率（X_3）	−0.615	−0.014	0.024	−0.368	0.095
净资产收益率（X_4）	−0.026	0.007	0.07	0.663	0.094
营业利润率（X_5）	0.062	0.243	0.025	0.750	−0.093
成本费用利润率（X_6）	0.314	0.028	−0.111	0.690	0.089
资本保值增值率（X_7）	0.023	0.956	0.041	0.124	0.189
固定资产增长率（X_8）	0.002	0.011	0.005	0.011	0.897
总资产增长率（X_9）	−0.025	0.456	0.017	0.099	0.700
每股净资产增长率（X_{10}）	0.024	0.959	0.038	0.101	0.054
流动资产周转率（X_{11}）	−0.122	0.040	0.931	0.056	−0.013
总资产周转率（X_{12}）	−0.011	0.034	0.942	−0.037	0.030

表 6–18　并购后第三年（Y_3）方差最大旋转后的因子结构

指标	因子				
	1	2	3	4	5
流动比率（X_1）	0.952	0.004	−0.108	0.068	0.077
速动比率（X_2）	0.956	0.013	−0.054	0.043	0.077
资产负债率（X_3）	−0.658	0.161	−0.035	−0.137	0.343
净资产收益率（X_4）	0.012	0.058	0.000	−0.042	0.918
营业利润率（X_5）	0.033	−0.050	−0.035	0.846	0.000
成本费用利润率（X_6）	0.233	−0.051	−0.083	0.703	−0.434
资本保值增值率（X_7）	−0.044	0.996	−0.011	−0.047	0.048
固定资产增长率（X_8）	0.008	−0.008	−0.024	−0.049	−0.076

续表

指标	因子				
	1	2	3	4	5
总资产增长率（X_9）	0.043	–0.019	0.053	0.555	0.179
每股净资产增长率（X_{10}）	–0.044	0.996	–0.011	–0.048	0.048
流动资产周转率（X_{11}）	–0.114	–0.010	0.935	–0.025	–0.043
总资产周转率（X_{12}）	–0.002	–0.012	0.936	–0.03	0.052

表 6–19　并购后三年平均（$Y_{1\text{-}3}$）方差最大旋转后的因子结构

指标	因子				
	1	2	3	4	5
流动比率（X_1）	0.376	0.028	0.024	–0.002	–0.068
速动比率（X_2）	0.380	0.033	0.044	–0.021	–0.07
资产负债率（X_3）	–0.293	0.013	–0.051	0.175	–0.026
净资产收益率（X_4）	–0.055	–0.015	0.017	0.577	–0.012
营业利润率（X_5）	–0.044	0.003	–0.025	0.524	–0.123
成本费用利润率（X_6）	0.180	–0.027	–0.041	0.271	0.143
资本保值增值率（X_7）	0.011	0.499	0.001	–0.006	0.017
固定资产增长率（X_8）	–0.011	0.028	–0.019	–0.203	0.645
总资产增长率（X_9）	–0.037	–0.003	0.032	0.085	0.573
每股净资产增长率（X_{10}）	0.011	0.499	0.001	–0.003	0.009
流动资产周转率（X_{11}）	0.025	0.001	0.523	0.000	0.002
总资产周转率（X_{12}）	0.056	0.002	0.535	–0.014	0.007

（4）计算各公因子得分和综合得分。

从表 6–20 至表 6–25 可看出各个因子的成分系数矩阵，由此计算出每一年因子得分 F_1、F_2、F_3、F_4、F_5，结合综合绩效模型计算出样本的绩效得分。以并购后三年平均为例算式如下：

$$F_1 = 0.93X_1 + 0.929X_2 - 0.69X_3 - 0.008X_4 + 0.001X_5 + 0.563X_6 - 0.033X_7 + 0.036X_8 + 0.014X_9 - 0.033X_{10} - 0.107X_{11} - 0.035X_{12}$$

$$F_2 = 0.012X_1 + 0.021X_2 + 0.072X_3 + 0.002X_4 + 0.04X_5 - 0.073X_6 + 0.998X_7 + 0.016X_8 - 0.029X_9 + 0.998X_{10} + 0.001X_{11} - 0.002X_{12}$$

$$F_3 = -0.078X_1 - 0.043X_2 + 0.009X_3 + 0.065X_4 - 0.014X_5 - 0.129X_6 - 0.001X_7 - 0.051X_8 + 0.059X_9 + 0.935X_{11} + 0.945X_{12}$$

$$F_4 = 0.073X_1 + 0.05X_2 + 0.164X_3 + 0.775X_4 + 0.68X_5 + 0.443X_6 + 0.02X_7 - 0.142X_8 + 0.232X_9 + 0.021X_{10} + 0.02X_{11} + 0.011X_{12}$$

$$F_5 = -0.027X_1 - 0.034X_2 - 0.046X_3 + 0.1X_4 - 0.055X_5 + 0.279X_6 - 0.003X_7 + 0.797X_8 + 0.761X_9 - 0.013X_{10} - 0.005X_{11} + 0.003X_{12}$$

表 6-20 并购前一年（Y_{-1}）因子得分系数矩阵

指标	因子				
	1	2	3	4	5
流动比率（X_1）	−0.026	0.445	−0.127	0.064	0.064
速动比率（X_2）	−0.02	0.444	−0.124	0.07	0.053
资产负债率（X_3）	−0.031	−0.234	−0.03	0.031	0.126
净资产收益率（X_4）	0.007	−0.127	0.413	0.114	0.010
营业利润率（X_5）	0.012	−0.094	0.433	−0.06	−0.057
成本费用利润率（X_6）	−0.003	0.037	0.338	−0.065	0.038
资本保值增值率（X_7）	0.341	−0.009	0.013	−0.006	0.019
固定资产增长率（X_8）	−0.003	0.008	−0.009	0.007	0.978
总资产增长率（X_9）	−0.334	0.006	0.013	0.025	0.064
每股净资产增长率（X_{10}）	0.337	−0.005	0.021	0.005	0.038
流动资产周转率（X_{11}）	−0.004	−0.001	0.037	0.493	−0.017
总资产周转率（X_{12}）	−0.017	0.084	−0.04	0.521	0.032

表 6-21 并购当年（Y_0）因子得分系数矩阵

指标	因子				
	1	2	3	4	5
流动比率（X_1）	0.008	0.461	0.03	0.099	−0.115
速动比率（X_2）	0.007	0.465	0.042	0.099	−0.124
资产负债率（X_3）	0.066	−0.093	−0.014	0.465	−0.156
净资产收益率（X_4）	0.020	0.125	−0.001	0.673	0.13
营业利润率（X_5）	−0.087	−0.144	−0.016	0.082	0.694
成本费用利润率（X_6）	−0.008	0.094	−0.022	−0.058	0.423
资本保值增值率（X_7）	0.373	−0.007	0.008	−0.011	0.006
固定资产增长率（X_8）	0.195	0.048	−0.045	0.090	−0.174
总资产增长率（X_9）	0.397	0.009	−0.024	0.125	−0.093
每股净资产增长率（X_{10}）	0.284	−0.051	0.038	−0.141	0.117
流动资产周转率（X_{11}）	−0.024	0.000	0.520	−0.036	0.027
总资产周转率（X_{12}）	−0.008	0.083	0.539	0.021	−0.063

表 6-22 并购后第一年（Y_1）因子得分系数矩阵

指标	因子				
	1	2	3	4	5
流动比率（X_1）	0.414	0.011	-0.113	0.045	0.048
速动比率（X_2）	0.419	0.010	-0.126	0.059	0.043
资产负债率（X_3）	-0.233	0.044	-0.093	0.001	0.154
净资产收益率（X_4）	-0.050	-0.012	0.460	0.031	0.025
营业利润率（X_5）	-0.113	-0.070	0.455	-0.023	-0.062
成本费用利润率（X_6）	0.120	-0.017	0.313	-0.063	0.027
资本保值增值率（X_7）	-0.002	0.490	-0.044	-0.031	-0.025
固定资产增长率（X_8）	-0.006	-0.137	-0.056	-0.034	0.775
总资产增长率（X_9）	-0.014	0.087	0.039	0.013	0.511
每股净资产增长率（X_{10}）	-0.013	0.496	-0.049	-0.031	-0.104
流动资产周转率（X_{11}）	0.016	-0.033	0.010	0.520	-0.038
总资产周转率（X_{12}）	0.063	-0.028	-0.044	0.537	0.013

表 6-23 并购后第二年（Y_2）因子得分系数矩阵

指标	因子				
	1	2	3	4	5
流动比率（X_1）	0.438	0.005	0.024	-0.114	0.019
速动比率（X_2）	0.447	0.010	0.049	-0.140	0.033
资产负债率（X_3）	-0.232	0.022	-0.028	-0.162	0.077
净资产收益率（X_4）	-0.105	-0.116	0.029	0.461	0.071
营业利润率（X_5）	-0.081	0.046	-0.002	0.475	-0.130
成本费用利润率（X_6）	0.037	-0.098	-0.050	0.428	0.066
资本保值增值率（X_7）	0.002	0.481	-0.017	-0.060	-0.047
固定资产增长率（X_8）	0.008	-0.183	0.005	0.001	0.727
总资产增长率（X_9）	-0.017	0.096	-0.011	0.002	0.473
每股净资产增长率（X_{10}）	0.004	0.514	-0.019	-0.075	-0.156
流动资产周转率（X_{11}）	0.007	-0.024	0.525	0.039	-0.017
总资产周转率（X_{12}）	0.074	-0.022	0.542	-0.042	0.020

表 6-24 并购后第三年（Y_3）因子得分系数矩阵

指标	因子				
	1	2	3	4	5
流动比率（X_1）	0.427	0.025	-0.003	-0.048	0.105
速动比率（X_2）	0.435	0.030	0.027	-0.064	0.100
资产负债率（X_3）	-0.275	0.028	-0.061	0.031	0.250
净资产收益率（X_4）	0.038	-0.046	-0.003	0.103	0.798

续表

指标	因子				
	1	2	3	4	5
营业利润率（X_5）	−0.080	0.013	0.005	0.607	0.123
成本费用利润率（X_6）	0.011	0.046	−0.014	0.408	−0.271
资本保值增值率（X_7）	0.015	0.503	0.011	0.024	−0.046
固定资产增长率（X_8）	−0.003	0.006	−0.019	−0.120	−0.064
总资产增长率（X_9）	−0.037	0.007	0.045	0.381	0.243
每股净资产增长率（X_{10}）	0.016	0.503	0.011	0.024	−0.046
流动资产周转率（X_{11}）	0.005	0.014	0.529	0.014	−0.048
总资产周转率（X_{12}）	0.060	0.008	0.536	0.012	0.038

表 6-25 并购后三年平均（$Y_{1\sim3}$）因子得分系数矩阵

指标	因子				
	1	2	3	4	5
流动比率（X_1）	0.930	0.012	−0.078	0.073	−0.027
速动比率（X_2）	0.929	0.021	−0.043	0.050	−0.034
资产负债率（X_3）	−0.690	0.072	0.009	0.164	−0.046
净资产收益率（X_4）	−0.008	0.002	0.065	0.775	0.100
营业利润率（X_5）	0.001	0.040	−0.014	0.680	−0.055
成本费用利润率（X_6）	0.563	−0.073	−0.129	0.443	0.279
资本保值增值率（X_7）	−0.033	0.998	−0.001	0.020	−0.003
固定资产增长率（X_8）	0.036	0.016	−0.051	−0.142	0.797
总资产增长率（X_9）	0.014	−0.029	0.059	0.232	0.761
每股净资产增长率（X_{10}）	−0.033	0.998	0.000	0.021	−0.013
流动资产周转率（X_{11}）	−0.107	0.001	0.935	0.020	−0.005
总资产周转率（X_{12}）	−0.035	−0.002	0.945	0.011	0.003

进一步计算出 $\Delta Per_i = Per_i - Per_{-1}$ （i = 0，1，2，3）以度量公司并购当年和并购后三年绩效水平的改善程度，和 $\overline{\Delta Per} = \overline{Per_{1\sim3}} - Per_{-1}$ 度量并购后业绩的平均改善程度。各年综合业绩得分变化的统计结果如表 6-26 和表 6-27 所示。

表 6-26 中样本各年相对于并购前的业绩变化 ΔPer 的均值都接近于 0，多元化并购没有带来显著的业绩改善。全样本并购当年到并购后三年的中位数分别为−0.01595、0.00986、−0.00288、−0.01362，正值比率分别为 52.19%、47.31%、46.62%、46.63%。并购当年业绩改善的公司最多说明有相当一部分公司是在靠并购进行报表重组，但这种以短期利益为目的的并购并不能给企业带来长期的业绩

改善，全样本中第二、第三年业绩改善的公司数量持续减少就证明了这点。从并购后三年的整体绩效来看，只有49.69%的样本绩效得到提升，一半以上公司未实现协同效应（见表6-27）。

表6-26 样本并购绩效变化描述性统计

		观测值	最小值	最大值	均值	中位数	标准差
全样本	ΔPer_0	594	-2.06	5.97	-0.000000017	-0.01595	0.40038
	ΔPer_1	594	-2.53	5.89	0.000000061	0.00986	0.39881
	ΔPer_2	594	-2.66	5.64	-0.000000006	-0.00288	0.41260
	ΔPer_3	594	-2.07	5.73	-0.000000006	-0.01362	0.42283
	$\overline{\Delta Per}$	594	-1.93	5.75	0.000000064	-0.00354	0.37859
中央子样本	ΔPer_0	183	-0.97	3.19	-0.00537979	-0.0800	0.37873
	ΔPer_1	183	-0.84	1.11	0.00241316	0.0046	0.25229
	ΔPer_2	183	-1.00	1.96	0.005359181	-0.0930	0.33129
	ΔPer_3	183	-1.27	3.89	0.011133049	-0.1420	0.41814
	$\overline{\Delta Per}$	183	-0.86	3.86	0.00675093	-0.0043	0.37598
地方子样本	ΔPer_0	411	-2.06	5.97	0.013311922	-0.0226	0.40968
	ΔPer_1	411	-2.53	5.89	-0.00117362	0.0129	0.44919
	ΔPer_2	411	-2.66	5.64	-0.00165282	-0.0027	0.44441
	ΔPer_3	411	-2.07	5.73	-0.00703654	-0.0111	0.42537
	$\overline{\Delta Per}$	411	-1.93	5.75	-0.00016214	-0.0030	0.38001

表6-27 样本并购绩效变化分布情况描述性统计

	ΔPer		Y_0	Y_1	Y_2	Y_3	$Y_{1\text{-}3}$
全样本	≤0	数量	284	313	317	317	299
		比例（%）	47.81	52.69	53.38	53.37	50.31
	>0	数量	310	281	277	277	295
		比例（%）	52.19	47.31	46.62	46.63	49.69
中央子样本	≤0	数量	95	93	91	84	89
		比例（%）	51.91	50.82	49.77	45.90	48.55
	>0	数量	88	90	92	99	94
		比例（%）	48.09	49.18	50.23	54.10	51.45
地方子样本	≤0	数量	189	220	226	233	210
		比例（%）	45.99	53.53	54.99	56.69	51.09
	>0	数量	222	191	185	178	201
		比例（%）	54.01	46.47	45.01	43.31	48.91

进一步从不同政府层级来看，可以发现全样本的业绩逐年下滑主要是由地方国有上市公司引发的。地方子样本并购当年均值和中位数都大于0，但并购后第一年均值和中位数都降到0以下，业绩下降的样本比例为53.53%，较并购当年增加了7.54%，大于中央子样本的49.18%，而并购后第二年业绩下降的比例扩大到54.99%，第三年又进一步增加到56.69%。与地方子样本截然不同，中央子样本并购后的业绩在逐年上升。并购当年财务业绩得分的均值和中位数都小于0，业绩下滑的公司占52.19%，这可能由于从存续企业吸收了大量的负资产所致，之后随着整合的深入和完成，协同效应逐渐显现，陆续有公司实现业绩改善，到并购后第三年业绩得到提升的公司已达到54.10%。从图6–21可以更直观地看到两组样本多元化并购后的长期财务业绩差异，中央国有上市公司业绩提升的持续性和幅度都明显大于地方国有上市公司。

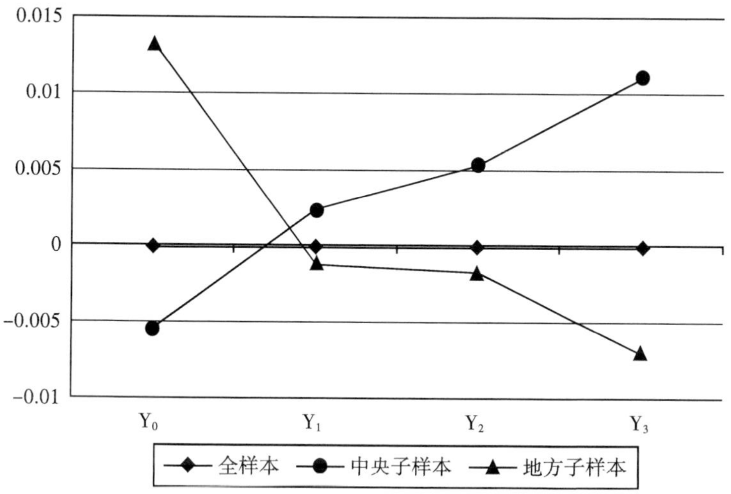

图6–21　样本公司并购后长期绩效得分变化趋势图

从样本最大最小值差距来看，地方子样本各年差距幅度均大于中央子样本，说明地方国有上市公司并购后绩效两极分化严重，一些公司经过资源整合后，逐步走出困境，获取了超额收益，但另一些公司却一直陷入亏损的深渊。三年整体绩效中地方子样本的均值和中位数都为负，而中央子样本均值为正中位数为负，说明一些中央国有上市公司并购后业绩较突出，才出现均值大而中位数小的情况。

从中央和地方子样本并购绩效的均值T检验结果看，尽管未通过显著性检验（见表6-28），但是在各种动因混杂在一起的情况下，上述分析足以说明两者存在一定的差异，H6-2a被部分证实。

表6-28　并购长期绩效的各年统计检验

	Y_0	Y_1	Y_2	Y_3	Y_{1-3}
中央子样本	-0.0054 (-0.514)	0.0024 (0.638)	0.0054 (0.936)	0.0111 (1.493)	0.0068 (0.960)
地方子样本	0.0133 (1.833)	-0.0012 (-0.570)	-0.0017 (-0.567)	-0.0070 (-1.228)	-0.0002 (0.546)
均值差	-0.0187 (-0.976)	0.0036 (0.258)	0.0070 (0.573)	0.0182 (1.072)	0.0069 (0.557)

注：每格内第二行括号内的数字为t值。

四、单变量检验

表6-29报告了政府干预对并购绩效影响的单变量检验结果。全样本和两组分样本的均值和中位数检验均表明：高政府干预组的并购长期绩效显著高于低政府干预组，这一研究结论初步证实H6-1b。

表6-29　政府干预对并购长期绩效影响的单变量检验

	政府干预特征		$\overline{\Delta Per}$			
		观测值	均值	中位数	T值	Z值
全样本	高政府干预	297	0.0086	0.0024	(1.891)*	(1.734)*
	低政府干预	297	-0.0085	-0.0053		
中央子样本	高政府干预	91	0.0331	0.0138	(1.732)*	(1.772)*
	低政府干预	92	-0.003	-0.0117		
地方子样本	高政府干预	205	0.015	0.0026	(1.842)*	(1.715)*
	低政府干预	206	-0.0282	-0.0003		

注：*表示在10%的水平下通过显著性检验。

表6-30中内部人控制对并购绩效影响的单变量检验结果显示，全样本和两组分样本中内部人控制程度较高的公司业绩表现的均值和中位数均小于低内部人控制公司，在10%水平下通过显著性检验，H6-2b被初步证实。

表 6-30 内部人控制对并购长期绩效影响的单变量检验

	内部人控制特征		$\overline{\Delta \text{Per}}$			
		观测值	均值	中位数	T 值	Z 值
全样本	高内部人控制	297	-0.0064	-0.0052	(-1.804)*	(-1.753)*
	低内部人控制	297	0.0063	-0.0018		
中央子样本	高内部人控制	91	-0.0121	-0.0057	(-1.911)*	(-1.952)*
	低内部人控制	92	0.0553	-0.0043		
地方子样本	高内部人控制	205	-0.0358	-0.0057	(-1.726)*	(-1.775)*
	低内部人控制	206	0.0203	0.0010		

注：* 表示在 10%的水平下通过显著性检验。

表 6-31 中并购类型对并购绩效影响的单变量检验结果显示，各组样本中相关多元化并购公司的业绩表现均在 10%显著性水平下高于无关多元化公司，H6-3b 被初步证实。

表 6-31 多元化并购类型对并购长期绩效影响的单变量检验

	并购类型		$\overline{\Delta \text{Per}}$			
		观测值	均值	中位数	T 值	Z 值
全样本	相关多元化	322	0.0072	0.0058	(1.855)*	(1.798)*
	无关多元化	272	-0.0043	-0.0022		
中央子样本	相关多元化	114	0.0183	0.0157	(1.7631)*	(1.836)*
	无关多元化	69	0.0044	0.0052		
地方子样本	相关多元化	208	0.0158	0.0097	(1.936)*	(1.854)*
	无关多元化	203	-0.0203	-0.0100		

注：* 表示在 10%的水平下通过显著性检验。

表 6-32 报告了多元化并购特征对并购长期绩效影响的单变量检验结果。全样本的均值和中位数检验表明：控制行业多元化并购样本的长期绩效显著高于非控制行业多元化并购样本，初步证实 H6-4b；关联型多元化并购样本的绩效小于非关联型多元化并购样本，但未通过显著性检验，H6-5b 被否定；同区、跨区多元化并购样本的绩效也没有显著差异，H6-6b 被否定。

表 6-32　多元化并购特征对并购长期绩效影响的单变量检验

多元化并购特征			$\overline{\Delta Per}$				
			观测值	均值	中位数	T 值	Z 值
全样本	行业特征	控制行业	377	0.0136	0.0017	(1.703)*	(1.724)*
		非控制行业	217	-0.0235	-0.0132		
	关联特征	关联并购	349	0.0006	-0.0211	(-0.003)	(-0.033)
		非关联并购	245	0.0008	-0.01		
	区域特征	同区域并购	415	0.0137	0	(1.550)	(1.438)
		跨区域并购	179	-0.0314	0		
中央子样本	行业特征	控制行业并购	117	0.0455	0.0135	(2.122)**	(2.481)**
		非控制行业并购	66	-0.0387	-0.0411		
	关联特征	关联并购	105	-0.0120	-0.0085	(-1.049)	(-0.849)
		非关联并购	78	0.0516	0.0078		
	区域特征	同区域并购	90	0.0312	0.0056	(0.561)	(0.234)
		跨区域并购	93	-0.0004	-0.0010		
地方子样本	行业特征	控制行业并购	260	0.0321	0.0181	(1.754)*	(1.767)*
		非控制行业并购	151	-0.0530	-0.0156		
	关联特征	关联并购	244	-0.0242	-0.0191	(-0.865)	(-0.439)
		非关联并购	167	0.0052	0.0056		
	区域特征	同区域并购	325	0.0087	-0.0008	(2.27)**	(1.714)*
		跨区域并购	86	-0.0653	-0.0302		

注：**、* 分别表示在 5%和 10%的水平下通过显著性检验。

五、实证结果及分析

表 6-33 报告了模型（6-2）的多元回归结果。全样本和两组分样本的政府干预程度 Gov、并购类型 Typ 和行业偏好 Con 与长期业绩都显著正相关，内部人控制程度 Ins 与长期显著负相关，验证了 H6-1b、H6-2b、H6-3b 和 H6-4b。地方子样本的政府干预程度会提升长期业绩，这验证了地方政府的“支持之手”理论。鉴于上市公司代表着地区经济形象和产业形象，对地方国有上市公司地方政府可能更希望依托它们来彰显政绩，此时支持动机会上升，通过干预多元化并购帮助地方国有上市公司实现产业结构优化调整、加快企业发展成为地方政府的重要目标。各组样本的关联偏好 Rel 与并购长期业绩都呈负相关关系，关联型多元化并购业绩更差，但两者都没有通过显著性检验，H6-5b 被拒绝，这与邓建平等

表 6-33 政府干预、内部人控制对并购长期绩效影响多元回归结果

	全样本	中央国有上市公司	地方国有上市公司
Gov	0.534*** (6.476)	0.519*** (6.594)	0.368* (1.872)
Ins	-0.102** (-2.209)	-0.119* (-1.949)	-0.106* (-1.936)
Typ	0. 205** (2.201)	0.160** (2.098)	0. 203* (1.951)
Con	0.058** (1.973)	0.128** (2.437)	0.081* (1.832)
Rel	-0.022 (-0.724)	-0.065 (-1.082)	-0.009 (-0.250)
Reg	0.061** (1.966)	0.061 (1.024)	0.102** (2.572)
Roe	0.242** (2.053)	0.125** (1.972)	0.267** (2.382)
Cash	-0.025 (-0.653)	0.032 (0.733)	-0.186* (-1.897)
Growth	0.099*** (5.376)	-0.029 (-0.591)	0.125*** (6.747)
Size	0.009 (0.736)	0.007 (0.363)	0.048 (1.532)
Dfl	0.001 (0.153)	-0.001 (-0.248)	0.001 (0.222)
Cen	0.000 (0.370)	-0.000 (-0.439)	0.0002 (0.136)
F 值	38.567***	37.150***	45.525***
Adjusted R Square	0.142	0.115	0.298
观测值	594	183	411

注：每格内第二行括号内的数字为 t 值；***、**、* 分别代表在 1%、5%和 10%的水平下显著；限于篇幅，年度和行业哑变量的结果没有列示。

(2011) 结论不一致，但与周昌仕 (2008) 结论相同。中央子样本的关联型多元化并购并未如预期给上市公司业绩带来过大负面影响，可能因为并购方事前对关联企业已经有充分了解，降低了并购失败的风险，而且关联企业间的“血缘关系”会大大降低并购后的整合难度和整合成本，进一步提高了并购成功的可能性。而本书对并购绩效的考察期较邓建平等 (2011) 更长，经过三年时间范围经济和协同效应应该已经显现。地方子样本的关联并购特征对并购绩效影响并不显著，是因为地方政府干预地方国有上市公司关联型并购的“掏空”与“支持”动机并存，各种动因混杂在一起导致地方子样本关联并购绩效和非关联并购绩效没有显著差异。全样本的多元化并购区域特征（Reg）与业绩显著正相关，符合H6-6b。进一步观察可发现，这种正相关关系主要体现在地方子样本中，在中央子样本中相关性并不显著。中央国有上市公司可以借助中央权威突破并购的地区封锁，并购的区域性对其影响不大，而地方国有上市公司则明显受地方政府的约束，同区并购的绩效更好。这与潘洪波、余明桂（2011）的结论相符。

控制变量方面，各组样本并购前的业绩（Roe）都同并购长期业绩显著正相关，绩效越好的国有上市公司，并购后业绩提升的空间越大。地方子样本的自由现金流（Cash）与并购业绩显著负相关，而中央子样本中两者的相关关系并不显著。并购前可支配资源较少的地方国有上市公司并购后的业绩能得到改善，验证了地方政府在发挥“支持之手”。地方子样本中公司成长性（Growth）与多元化并购绩效的正相关关系在1%水平下通过显著性检验，这与西方发达国家的公司成长性与并购绩效往往存在一定相关性的结论一致。但中央子样本中两者的相关关系却不显著，出现这种情况的原因可能是：中央国有上市公司样本除了不少分布在传统竞争性行业，还有相当部分在战略性新兴行业，各公司之间成长性悬殊大，很难总结出一个统一的对并购绩效的影响方向。

六、稳健性检验

为检验结论的稳健性，本书以托宾Q来度量并购长期业绩，以高管前三名薪酬总额的对数衡量内部人控制程度（Ins），进行稳健性测试。

表6-34中稳健性检验结果显示：各组样本的政府干预、内部人控制程度、并购类型和行业偏好对多元化并购的长期财务业绩依然具有显著影响，关联特征与长期业绩的相关性不显著。中央子样本的区域偏好与长期业绩相关性不显著。上述稳健性检验结果与前文基本一致，表明原结论稳健可靠。

表 6-34 稳健性检验结果

	全样本	中央国有上市公司	地方国有上市公司
Gov	0.410** (2.221)	0.944** (2.194)	0.251* (1.954)
Ins	−0.098* (−1.695)	−0.122* (−1.949)	−0.164** (−1.998)
Typ	0.185** (2.241)	0.104* (1.888)	0.193** (2.112)
Con	0.138* (1.856)	0.168** (1.741)	0.107* (1.932)
Rel	0.018 (0.623)	0.063 (0.517)	−0.001 (−0.011)
Reg	0.236*** (3.064)	0.161 (1.324)	0.354*** (3.593)
Roe	−0.904** (−2.303)	0.298** (1.972)	−1.103*** (−3.205)
Cash	−0.103 (−1.183)	−0.238 (−1.628)	−0.032 (−0.022)
Growth	0.153** (2.249)	−0.017 (−0.170)	0.109** (1.974)
Size	−0.018 (−0.612)	−0.035 (−0.895)	−0.134*** (−2.865)
Dfl	−0.005 (−0.817)	−0.000 (−0.054)	−0.001 (−0.133)
Cen	0.002 (0.259)	−0.000 (−0.326)	0.002 (0.133)
F 值	7.469***	5.536***	11.208***
Adjusted R Square	0.120	0.087	0.177

注：每格内第二行括号内的数字为 t 值；***、**、* 分别代表在 1%、5%和 10%的水平下显著；限于篇幅，年度和行业哑变量的结果没有列示。

第四节 拓展性检验

考虑到政府干预对内部人控制可能存在影响，本节按政府干预程度对样本进行分组，利用模型（6–1）和模型（6–2）进行回归进一步比较政府干预程度不同时，内部人控制对国有上市公司多元化并购的短期市场业绩和长期财务业绩的影响是否存在差异。

从表 6-35 中模型（6-1）的回归结果可以看到，两组样本中内部人控制程度（Ins）与多元化并购短期市场业绩（CAR）都呈显著负相关关系，即内部人控制会对并购的短期绩效产生明显负面影响。进一步对比显著性水平可以发现，在高政府干预组，两者的相关系数只在 10%水平下显著，而低政府干预组两者相关系数的显著性水平达到 1%。说明政府干预程度降低，使得内部人控制对多元化并购短期绩效的负面影响更加明显。

从模型（6-2）的回归结果可知，长期来看，无论在高政府干预组还是低政府干预组内部人控制对并购业绩的负面影响依然存在，显著性水平都达到 10%。这一结果一方面说明，内部人控制对多元化并购长期财务绩效的负面效应并不受政府干预程度差异的影响；另一方面说明，低政府干预组中内部人控制对并购业

表 6-35　按政府干预程度分组的多元化并购、长短期绩效影响因素多元回归结果

	模型（6-1）		模型（6-2）	
	高政府干预组	低政府干预组	高政府干预组	低政府干预组
Gov	0.192*** (2.980)	0.083* (1.921)	0.438*** (3.026)	0.148* (1.894)
Ins	–0.214* (–1.986)	–0.237*** (–2.661)	–0.134* (–1.872)	–0.153* (–2.052)
Roe	–0.137 (–1.056)	–0.108 (–0.842)	0.109** (2.322)	0.288** (2.541)
Cash	0.032 (0.089)	0.022 (0.976)	0.051 (0.823)	–0.275* (–1.969)
Growth	0.037 (0.693)	0.064 (1.231)	0.032** (2.675)	–0.105 (–1.483)
Size	0.102 (0.556)	0.089 (0.995)	0.104 (0.569)	0.056 (1.043)
Dfl	–0.025 (–0.134)	0.001 (0.132)	–0.002 (–0.256)	0.001 (0.231)
Cen	–0.002 (–0.679)	0.001 (0.156)	–0.000 (–0.384)	0.0001 (0.269)
F 值	49.546***	37.794***	40.214***	34.795***
Adjusted R Square	0.153	0.132	0.126	0.119
观测值	297	297	297	297

注：每格内第二行括号内的数字为 t 值；***、**、* 分别代表在 1%、5%和 10%的水平下显著；限于篇幅，年度和行业哑变量的结果没有列示。

绩负面影响的显著性水平由短期的1%降至10%，证实随着时间推移内部人控制对绩效的负向作用在逐渐减弱。

第五节 本章小结

本章采用事件研究法和会计指标研究法分别检验国有上市公司多元化并购后的短期市场业绩、长期财务业绩变化。研究发现：多元化并购短期内毁灭企业价值，长期来看并购绩效变化不显著。政府干预可以显著提高并购绩效，内部人控制会显著降低绩效。并购类型也会影响并购绩效，相关多元化并购的绩效表现更好。行业偏好可以显著提高并购后的长、短期绩效，关联偏好短期内导致业绩显著下降，但这种负面效应随着时间推移会被削弱，长期来看负面效应并不明显。同区并购偏好也可以提高并购业绩，但这种作用主要体现在地方国有上市公司中，对中央国有上市公司无显著影响。

第七章　结论与展望

第一节　研究结论

第一，政府干预提高了国有上市公司相关多元化并购的可能性，内部人控制提高了无关多元化并购的可能性，在此过程中企业的关键资源发挥部分中介作用。

国有上市公司剩余的关键资源会影响多元化并购类型：无形资源和实物资源会显著导致相关多元化并购；财务资源由于其通用性，对多元化并购类型影响并不明显，这与“相关性优势假说”矛盾，但验证了资源观提出的资源自身灵活性对多元化类型具有不同作用的观点。

政府和内部人会通过影响企业不同类型的关键资源配置对多元化并购类型施加影响。政府通过增加企业的实物资源和财务资源配置，提高了实施相关多元化并购的可能性。说明随着市场经济深入发展，政府为了发挥国有上市公司对经济的带动作用，更希望积极引导国有上市公司从事相关多元化并购，实现产业链延伸，发挥协同效应和范围经济。内部人为了提高企业抗风险能力、降低个人的收益风险和人力资本风险以及进一步提高自身声望和薪酬，更希望企业从事无关多元化并购。他们通过增加企业的财务资源，不愿进行无形资源投资，对实物资源的影响也不明显，提高了企业无关多元化并购的可能性。进一步对比政府和内部人影响多元化并购类型的效果系数可以发现，政府在国有上市公司的多元化并购类型决策中起主导作用。

第二，政府干预和内部人控制是导致国有上市公司选择多元化并购对象时出现行业偏好、关联方偏好和同区域偏好的重要因素。

统计结果显示，国有上市公司选择的多元化并购对象多处于国家要加强“绝对控制力”或“相对控制力”的行业，国有资本向关系国民经济命脉和国家安全的控制行业聚集趋势明显。实证结果显示，全样本和按最终控制人类型分组得到的中央国有上市公司、地方国有上市公司样本中，政府干预和内部人控制都显著正向影响并购的行业偏好。说明中央政府通过制定明确的行业政策引导国有资本投向有利于国有企业厘清自己的发展定位的行业，取得了积极效果。

国有上市公司偏好于从事关联型多元化并购。全样本和两个分组子样本中政府干预都显著提高了关联并购的可能性，而且在地方政府“掏空”和“支持”动机并存的驱使下地方国有上市公司比中央国有上市公司更容易发生关联型并购。全样本中内部人控制对关联偏好具有显著正向影响，分组后发现这种正向影响仅存在于地方子样本，中央子样本中的内部人控制降低了关联交易的可能性。这是因为各界对中央国有上市公司的监督力度较大，信息披露及时性强、透明度较高，使得内部人很难有机会利用关联并购谋求自身利益，更重要的是一旦通过关联并购实现集团整体上市目标，原公司将失去独立的上市公司身份，而只能拥有和集团内其他公司一样的地位，地位的下降也将引起内部人薪酬和待遇的变化。于是中央子样本中内部人控制程度越高越表现出对关联并购的抵触。

有 2/3 以上的国有上市公司选择从事同区域多元化并购。全样本中，政府干预提高了同区域并购的可能性，但分组后可发现这种正向影响仅存在于地方国有上市公司，在中央子样本中两者负相关，说明中央国有上市公司借助中央权威更想“走出去”，利用跨区的优质资源提高资源配置效率，而地方政府干预加强使地方国有上市公司受地方保护主义的制约，并购活动局限于本地的可能性更大。在政府强干预的背景下，不管中央还是地方国有上市公司的内部人对被并对象地点的选择都没有显著影响。

第三，多元化并购短期内毁灭企业价值，长期来看并购绩效变化不显著，中央国有上市公司多元化并购的业绩好于地方国有上市公司。

全样本在并购公告前具有显著的增值效应，公告后累计超额收益持续下滑，整个窗口期的累积超额收益率小于0，证实整体来看公告前的价值效应是一种典型的投机价值效应，多元化并购短期内毁灭企业价值，验证了“并购绩效悖论”。对样本进一步分组后发现，这种价值毁损主要来自地方国有上市公司。地方子样本公告前和公告后的累计超额收益都明显低于中央子样本，在整个窗口期内地方子样本的累计超额收益小于0，而中央子样本的累计超额收益大于0，且差异显著。由此可知，中央国有上市公司的多元化并购短期内可以增加公司价值，市场对中央国有上市公司的多元化并购行为予以认可。而地方国有上市公司的多元化并购毁灭公司价值，这是导致总体样本并购绩效悖论的主要原因。

全样本并购后各年的财务绩效综合得分均值相对于并购前都没有发生明显变化。但并购当年业绩改善的公司最多，之后呈逐年下降趋势，证明有相当一部分公司是在靠多元化并购进行报表重组，确实存在“一年绩优、二年绩平、三年亏损”情况。进一步从分组样本可以发现全样本业绩逐年下滑主要是由地方国有上市公司引起的，而且地方国有上市公司并购后绩效存在严重的两极分化现象。中央子样本并购后的绩效得分均值在逐年上升，业绩提升的公司数量也稳步增加，可见相比于地方国有上市公司，中央国有上市公司从事多元化并购更多看重长期利益，经过整合过程后协同效应渐渐得以发挥。但在各种动因混杂在一起的情况下，两组样本的长期财务业绩差异统计上并不显著。

第四，政府干预对多元化并购业绩有积极影响，内部人控制对此有消极影响，相关多元化并购、对控制行业并购和同区域并购的业绩表现更好，而关联并购对业绩的负面作用随着时间推移逐步减弱。

政府干预对多元化并购业绩的提升作用短期来看在地方国有上市公司中更明显，长期来看在中央国有上市公司中更明显。其原因可能是，投资者认为地方国有上市公司的多元化并购传递着地方政府要加快企业发展的信号，对公司未来发展的信心提升，引起市场更剧烈的反应。中央政府注重国有资产的保值增值和中央企业的长远发展，因此中央国有上市公司多元化并购的战略性导向更强，在较长时间内更容易实现协同效应和范围经济。而在地方政府多重目标驱使下，有相当一部分地方国有上市公司的多元化并购以追求短期利益或实现社会目标为目的，不利于公司长期业绩的提高。

内部人控制会给并购业绩带来负面效应，不管在中央还是地方国有上市公司中这种负面影响都一直存在。这与目前屡屡曝光的国有企业内部人进行利益输送造成国有资产流失的现实情况相符，也证实了代理理论和自大假说提出的内部人基于代理动机和盲目自大所引发的扩张行为会导致企业价值毁灭。

并购类型会影响并购业绩。无论是从短期还是长期来看，相关多元化并购的业绩都好于无关多元化并购，验证了“相关性优势假说”。无关多元化并购会毁灭企业价值，这种价值毁损在地方国有上市公司中更严重。

对控制行业多元化并购的长、短期业绩显著好于对非控制行业的多元化并购，在中央国有上市公司中这种差异更明显。其原因可能是，虽然地方国有上市公司进入部分控制行业可以享受政策壁垒和政策优惠，但无法进入一些高度管制性行业，更不能获得垄断性资源的分配，而且中央国有上市公司多从过去的中央政府部门脱胎转型而来，几乎都是垄断行业中的大型骨干企业，对控制行业的业务和规则更熟悉，在国有资本向关键领域收缩过程中可能获益更大。

关联并购的短期业绩表现差于非关联并购，而从长期来看关联偏好对业绩没有明显影响。关联型多元化并购的短期业绩较差突出表现在地方子样本中，中央国有上市公司中两者差异不显著。从长期来看，关联偏好所带来的负面影响不明显。因为虽然关联并购可能出于“掏空”动机，但并购方事前对关联企业已经有充分了解，降低了并购失败的风险，而且关联企业间的“血缘关系”会大大降低并购后的整合难度和整合成本，进一步提高了并购成功的可能性。在较长的期间内范围经济和协同效应逐渐显现，可以抵消一部分“掏空”效应的负面影响。

同区域并购的长短期业绩表现都好于跨区并购，分组检验的结果显示，这种优势仅体现在地方子样本中，中央子样本的同区并购和跨区并购业绩没有明显差别。地方国有上市公司发生同区并购的次数更多、业绩更好，证实我国依然存在地方保护主义和地区市场分割。而中央国有上市公司可以凭借中央权威轻松突破地方政府的区域限制，所以区域因素对其并购绩效影响不明显。

第五，政府的适当干预可以一定程度抑制内部人控制在多元化并购中的机会主义行为。

现有的产权理论与关于转轨经济的研究表明，在国有企业中政府下放企业经营管理权但缺乏对经营者行为的有效控制和监督时，容易导致“内部人控制”问题，内部人会通过控制企业的投资活动牟取私利。

本书拓展性检验的经验证据证实：当国有上市公司受到较强政府干预时，内部人控制对多元化并购类型和偏好的影响表现得相对较弱，当政府对国有上市公司的干预较弱时，内部人控制对多元化并购的影响得以加强。在并购经济后果方面，短期来看较强的政府干预能够较好抑制内部人控制对并购市场业绩的负面影响，但随着时间推移，这种抑制作用在减弱，内部人控制对并购长期财务绩效的负面效应并不受政府干预程度差异的影响。

第二节　政策建议

第一，以管资本为主推进政府职能转变，提高国有企业并购市场化程度。

针对政府在国有资产监管中存在的“错位”、“越位”和“缺位”问题，按照“四个全面”的战略要求，中共十八届三中全会提出国有资产监管工作要以管企业为主向以管资本为主转变。中共中央、国务院 2015 年 8 月出台的《关于深化国有企业改革的指导意见》再次指出：要实现以管资本为主的目标，科学界定国有资产出资人监管边界，建立监管权力清单和责任清单，推进所有权和经营权分离；实现政府职能转变，将配合承担的公共管理职能归位于相关政府部门和单位，将依法应由企业自主决策的事项归位于企业。

在并购活动中，政府尤其是地方政府要彻底转变以干预微观经济活动为己任的思路，更多关注国有资本保值增值，以提高国有资本效率，不断增强国有经济活力、控制力、影响力和抗风险能力为经济工作中心，坚决避免将政府意志强加给企业，或以政府目标取代企业目标。同时，要进一步强化市场观念，以市场为导向，尊重市场的资源配置功能，将自己的作用建立在发挥市场作用的基础上，从防止市场失灵的角度对企业并购活动进行监督指导，把必要的行政干预与市场作用有机结合，扮演好引导者和协调者的角色，确立企业真正的市场主体地位，以期提高国有企业并购的市场化程度。

第二，消除国有企业用人制度弊端，为并购“去行政化”创造条件。

目前，国有企业领导大部分由政府任命，市场化选聘的比例非常小。这些具有行政级别的内部人，有较强的利己主义和“官本位”思想，大都以个人利益最大化和官职晋升为行为目标，在并购决策时很难以企业资产的保值增值为导向。去行政化，让更多的职业经理人进入国有企业，赋予董事会关键的用人权，厘清企业的市场主体地位，减少对政府行政干预的过度依赖，这是建立现代企业制度的基础，也是为国有企业并购活动引入新鲜血液的关键。

针对国有企业用人制度的弊端，《关于深化国有企业改革的指导意见》也提出要根据不同企业类别和层级，实行选任制、委任制、聘任制等不同的选人用人方式，实行“双轨制”：董事会按市场化方式选聘和管理职业经理人，职业经理人不具有行政级别，实行市场化薪酬分配机制。政府部门任命的出资人代表——包括董事会、监事会成员，有相应的行政级别，拿政府规定的报酬。加强企业家队伍建设，充分发挥企业家作用，切实解决董事兼任高管的“内部人控制”问题和政府行政干预问题，可以为构建有利于企业市场化并购活动的激励机制奠定基础。

第三，完善国有企业内部治理结构，制约并购活动中内部人的机会主义行为。

适度的内部人控制虽然能在一定程度上改善企业决策的信息基础，提高并购决策效率。但现实证据表明，内部人极易将个人目标异化于企业并购活动中，由此造成企业价值毁损，因此为防止并购活动中内部人的机会主义行为，国有企业需要建立起能保证充分发挥内部监督和制衡机制作用的治理结构，尽可能严格地按相应资产责任去制约内部人对资产权利的掌握和运用。具体措施包括：①进一步加强外部董事队伍建设，拓宽来源渠道。可以股权转让的方式引入外部董事，改变控股股东完全控制董事会和内部董事比例过高的现状，杜绝内部人集决策权、执行权和监督权于一身。②强调独立董事的独立性。独立董事不应由股东按股权比例投票产生，而应由股东大会一人一票选举，其报酬也不应由大股东或高管决定，而要与其承担的义务和责任相匹配。以此保证独立董事能站在真正客观、公正的角度保护广大中小股东的利益。③强化监事会日常工作的监督检查。确保监事有效履职，约束政府和内部人行为。④完善国有资产和国有企业信息公开制度。设立统一的信息公开网络平台，依法依规、及时准确地披露国有资本整体运营和监管、国有企业公司治理以及管理架构、经营情况、财务状况、关联交易、内部人薪酬等信息，建设阳光国有企业。⑤完善内部人考核机制。必须建立有助于企业长远发展的内部人考核制度，通过市场化机制使内部人的个人利益和公司价值提升形成有效联系，对重大决策失误负有直接责任的要及时调整或解聘，并依法追究责任。

第四，建立科学的政府官员政绩考核制度。

我国当前以 GDP 为核心的政府官员政绩考核指标体系，使得各级地方政府以经济“挂帅”，对其管辖的国有企业并购活动加以干预在所难免。因此，要提高并购的市场化程度，规范地方政府在并购中的行为，防止其为实现政绩目标或社会管理目标而盲目干预企业并购活动，必须对目前地方政府官员的绩效考核制度安排进行改革。全面、动态的政绩考核体系应增加经济发展方式转变质量、经济结构调整质量、产业结构优化升级质量以及经济发展的社会效益等方面的指标，大大降低 GDP 指标的权重，同时拉长考核窗口，使地方政府注重并购的长远效果，在企业并购、产业竞争力提升等方面发挥积极的引导作用。

第五，制定产业政策和产业结构调整制度引导并购方向。

实证研究表明，中央政府通过制定明确的行业政策这只“无形的手”来引导国有资本有所为、有所不为，更符合市场规律，取得的效果也更理想。这项明智之举，还有利于地方政府和各个行业特征下的国有企业厘清自己的发展思路，制定符合自身特点的包括并购活动在内的经营计划。因此政府可以通过制定政策和制度引导并购的方式来实现经济结构优化调整。中共十七届五中全会也提出，要通过经济结构战略性调整实现加快转变经济发展方式，并将其演化为我国经济社会领域的一场深刻变革。

政府在制定产业政策和产业结构调整规划时，可将并购作为促进结构调整、实现产业结构优化升级的主要方式之一。制定产业发展规划时，产业发展的重点和具体目标必须清晰，综合使用财税、金融等优惠措施鼓励、吸引企业组建大型企业集团、延伸产业链，有目的地引导企业并购和产业重组，以提高企业竞争力。

第六，完善并购法律法规，建立公平的并购环境。

我国目前规范企业并购重组的政策法规《关于企业兼并的暂行办法》、《关于推进国有资本调整和国有企业重组的指导意见》等，均采取“指导意见”、“暂行办法”、“补充通知”等形式，难以全面、有效地规范企业并购重组行为。加快企业并购的立法工作，使并购重组在法律约束下进行，实现有法可依应成为首要工作。通过制定企业并购法律制度，规范并购重组的要约、决策和审批程序，可使企业并购重组公开、透明，防止出现“拉郎配”、报表重组等基于短期利益的并购，鼓励适度竞争，防止垄断性并购。同时进一步消除地区保护，减少区域壁垒对国有企业并购的干预和干扰，使国有资本能够在不同地区、不同行业、不同所有制之间更好地流动和流转。对于证券市场上的内幕交易、泄露内幕信息等违法活动也要加强打击力度，尽量减少内部人及其利益相关者利用并购消息在证券市场上投机的行为。

第三节 研究展望

一、本书的特色

首先，系统归纳政府干预和内部人控制影响国有上市公司多元化并购的制度背景，指出转轨时期政府和内部人有动机和有能力干预多元化并购，以实现社会政治、经济目标和个人收益目标。本书丰富了并购动机理论，能一定程度破解我国国有上市公司前赴后继地实施多元化并购，与国外企业的“归核化”趋势背道而驰的“多元化之谜”。提出了政府和内部人的干预主要表现在并购类型和并购对象选择上，并最终影响到并购经济后果的分析框架，为研究国有企业多元化并购提供了一种新思路。

其次，将政府干预、内部人控制和企业资源同时纳入多元化类型研究框架，拓展了多元化类型研究框架。国内已有文献关注政府、内部人对企业资源的影响和政府对多元化类型的影响，但对国外探讨较多的企业资源与多元化类型的关系的研究甚少。本书将几者串联起来，运用中介效应检验方法验证了政府和内部人会通过影响企业资源配置对多元化并购类型施加影响，由此勾勒出政府、内部人对多元化并购类型的影响路径，验证了多元化类型的资源基础观在国有企业的适用性，并能弥补国内对多元类型影响因素研究较少的缺憾。

再次，探索政府干预、内部人控制对多元化并购特征的影响，证实受政府和内部人干预多元化并购的动机驱使，国有上市公司选择多元化并购对象时表现出明显的行业偏好、关联交易偏好和同区域偏好，政府干预和内部人控制是并购偏好的主要决定因素。拓展了现有文献的研究范畴，补充了并购特征影响因素方面的文献。

最后，发现中央和地方国有上市公司并购特征和经济后果存在差异，丰富了并购绩效理论。中央和地方政府职权利的不同划分，使两类上市公司的多元化并购被赋予不同目标，由此表现出不同并购偏好并最终引发业绩差异。研究发现：地方国有上市公司更倾向于实施关联型多元化并购和同区域并购，“多元化折价”现象多出现在地方国有上市公司中，中央国有上市公司并购业绩提升的持续性和幅度大于地方国有上市公司。能够弥补现有文献将两类样本混合影响结论准确性的缺陷，对并购绩效理论和相关文献形成有益补充。

二、本书的研究局限

首先，本书只从宏观上概括性分析了政府和内部人干预多元化并购的动机，无法从微观上对样本的具体的并购动机加以详细分析，也未能将动机与导致的经济后果有机联系起来，提供相应的经验证据。

其次，本书只考察主并方的并购经济后果，而缺少被并方和并购双方的综合并购经济后果，而且市场绩效和财务绩效不能代表全部并购效果，所以对并购效果的结论可能并不充分。

再次，实证分析时选择国有股、法人股比例之和作为政府干预替代指标，选择内部董事比例作为内部人控制替代指标，而政府干预程度和内部人控制强度大小表现在很多方面，甚至有一些无法测量，本书选用单一指标有一定局限性。

最后，仅使用财务指标来测度企业资源往往很难清晰直接地反映出企业资源水平，而且没有考虑企业资源和多元化在行业上的差异。

三、进一步研究方向

本书以制度环境作为切入点，对国有上市公司的多元化并购行为进行了一些探索性研究，但受篇幅、时间以及本人研究水平所限，仍有一些问题没有充分论述或尚未进入本书的研究视野，有待于未来进行深化和扩展。

首先，现实中企业的生产经营过程受多方面的影响，极其复杂，如政府对并购的干预可能是通过行政权力直接干预、可能利用管理者的政治关联间接干预，政府和内部人主导并购的出发点也多种多样，仅凭数据库里简单的会计数据和公告中的只言片语很难全面了解，深入实地调研、针对案例深挖，才能获得有价值的信息，研究结论会更有现实意义。

其次，多元化并购可能出于不同动机，由此导致不同后果，而且后果可能不仅表现在股价或财务方面，后续可以从社会绩效视角、被并方视角以及并购双方综合视角来进一步考察不同动机驱使下多元化并购的效果。

最后，对于政府干预、内部人控制和企业资源的测量问题，今后除继续探索更合适的替代变量用于实证检验外，还可以考虑采用调查问卷和访谈的双重方式，广泛使用心理学、实验、模拟等方法，来弥补测量精度方面的不足。

参考文献

[1] Aggarwal R., Shelly Zhao. The Diversification Discount Puzzle: Empirical Evidence for a Transactions Cost Resolution [J]. The Financial Review, 2003, 44 (1): 113–135.

[2] Aggarwal R. K., Sanrwick A.Empire-builders and Shirkers: Investment, Firm Performance, and Managerial Incentives [J]. Journal of Corporate Finance, 2006, 12 (3): 489–515.

[3] Aghion P., Bolton P. An Incomplete Contracts Approach to Financial Contracting [J]. The Review of Economic Studies, 1992, 59 (3): 473–494.

[4] Ahn S., Denis D. J., Denis, D. K. Leverage and Investment in Diversified Firms [J]. Journal of Financial Economics, 2006 (6): 317–337.

[5] Aivazian, V. A., Ge Ying & Qiu Jiaping. The Impact of Leverage on Firm Investment: Canadian Evidence [J]. Journal of Corporate Finance, 2005 (11): 277–291.

[6] Alonso E. J. M. Does Diversification Strategy Matter in Explaining Capital-Structure? Some Evidence from Spain [J]. Applied Financial Economics, 2003 (13): 427–430.

[7] Amit R., Schoemaker P.J.H. Strategic Assets and Organization Alert [J]. Strategic Management Journal, 1993, 14 (1): 33–46.

[8] Amihud Y., Lev B. Risk Reduction as Managerial Motive for Conglomerate Mergers [J]. Bell Journal of Economics, 1981 (12): 605–617.

[9] Aorn K. Mahmood. Diversification and Performance: Evidence from East Asian Firms [J]. Strategic Management Journal, 1988, 28 (2): 101–120.

[10] Balkin D.B., Markman G.D. Is CEO Pay in High Technology Firms Related to Innovation? [J]. Academy of Management Journal, 2000 (43): 1118–1129.

[11] Barney J.B. Firm Resources and Sustained Competitive Advantage [J]. Journal of Management, 1991 (17): 99–120.

[12] Belen Villalonga. Diversification Discount or Premium? New Evidence from the Business Information Tracking Series [J]. The Journal of Finance, 2014 (4): 479–506.

[13] Berger P.G., Ofek E. Diversification's Effect on Firm Value [J]. Journal of Finance Economics, 1995 (37): 39–65.

[14] Bergh R. S. Behavioral Corporate Finance: A Survey [J]. Strategic Management Journal, 1997 (11): 1–51.

[15] Berry C. Corporate Growth and Diversification [J]. Journal of Law and Economics, 1975 (14): 371–383.

[16] Bettis R.A. Performance Differences in Related and Unrelated Diversified Firms [J]. Strategic Management Journal, 1981, 2 (4): 379–393.

[17] Bradley M., Anand Desai, E. Han Kim. Synergistic Gains from Corporate Acquisitions and their Division Between the Stockholders of Target and Acquiring Firms [J]. Journal of Financial Economics, 1988 (21): 20–25.

[18] Bris, A., Cabolis, C. The Value of Investor Protection: Firm Evidence from Cross–Border Mergers [J]. Review of Financial Studies, 2008 (21): 80–83.

[19] Bryce D. J., Winter S. G. A General Interindustry, Relatedness Index [J]. Management Science, 2009, 55 (9): 1570–1585.

[20] Chari A., Ouimet P., Tesar L. The Stock Market Valuation of Corporate Control: Evidence from Cross–border Mergers and Acquisitions in Emerging Market [R]. Working Paper, University of Michigan, 2004.

[21] Chevalier D. Why Firms Diversify: An Empirical Examination [M]. University of Texas at Arlington, 1999: 195–203.

[22] Collis B., Montgomery C.A. Product–market Diversification and Market Power [J]. Academy of Management Journal, 1997 (28): 789–798.

[23] Comment R., Jarrell G. A. Corporate Focus and Stock Returns [J]. Journal of Financial Economics, 1995 (37): 67–87.

[24] Constantinos C., Markides and Peter J. Williamson. Related Diversification, Core Competencies and Corporate Performance [J]. Strategic Management Journal, 2012 (6): 149–165.

[25] Crook T. R., Ketchen D. J., Combs J. G., Todd, S. Y. Strategic Resources and Performance: A Meta –analysis [J]. Strategic Management Journal, 2008, 29 (11): 1141–1154.

[26] Cull R. and L.C. Xu. Institutions, Ownership, and Finance: The Determinants of Profit Reinvestment among Chinese Firms [J]. Journal of Financial Economics, 2005 (77): 117–146.

[27] Denis D. Agency Corporate Problems, Equity Ownership, and Diversification [J]. Journal of Finance, 1997 (52): 135–150.

[28] Djankov S., Murrell R. A. The Regulation of Entry [J]. Quarterly Journal of Ecomics, 2002 (117): 53–75.

[29] Edward C. Conglomerate Bigness as a Source of Power, in National Bureau Committee for Economic Research, Business Concentration and Price Policy [M]. Princeton University Press, Princeton, 1955: 331–360.

[30] Fan J., Wang T., Zhang T. Political Connected CEOs, Corporate Governance and Post–IPO Performance of China's Partially Privatized Firms [J]. Journal of Financial Economics, 2007 (84): 330–357.

[31] Fauver L. Capital Market Development, International Integration, Legal Systems, and the Value of Corporate Diversification: A Cross–Country Analysis [J].

Journal of Financial and Quantitative Analysis, 2004 (38): 135-157.

[32] Feinberg R. Sales-at-risk: A Test of the Mutual Forbearance Theory of Conglomerate Behavior [J]. Journal of Business, 1985 (8): 225-241.

[33] Firth, M., Chen, Lin, Wong, S. M. L. Leverage and Investment under Astate-owned Bank Lending Environment: Evidence from China [J]. Journal of Corporate Finance, 2008 (14): 642-653.

[34] Fox M. A., Hamilt R. T. Ownership and Diversification: Agency Theory Orstewardship Theory [J]. Journal of Management Studies, 2009, 31 (1): 69-81.

[35] Gao Yanyan, Huang Guoliang. Corporate Investment Dynamic Control System Based on Chaos Cycle Perturbations [J]. Journal of Engineering Science and Technology Review, 2015 (2).

[36] Gibbons and Murphy. Optimal Incentive Contracts in the Presence of Ca reer Concerns: Theory and Evidence [J]. Journal of Political Economy, 1992 (100): 468-505.

[37] Gort, M. Diversification and Integration in American Industry [M]. Princeton University, Princeton, NJ, 1962.

[38] Grant R. Multinationality and Performance among British Manufacturing Companies [J]. Journal of International Business Study, 1988 (18): 79-89.

[39] Grant R.M. The Resource-based Theory of Competitive Advantage: Implications for Strategy Formulation [J]. California Management Review, 1991 (333): 114-135.

[40] Hadlock C., Ryngaert M., Thomas S. Corporate Structure and Equity Offerings: Are There Benefits to Diversification [J]. Journal of Business, 2001 (8): 45-57.

[41] Harford J., Li K. Decoupling CEO Wealth and Firm Performance: The Case of Acquiring CEOs [J]. Journal of Finance, 2007, 62 (2): 324-376.

[42] Hayward, Hambrick. CEO Compensation and Incentives—Evidence from

M&A Bonuses [J]. Journal of Financial Economics, 2004, 73 (1): 57-60.

[43] Hill C.W.L., Snell S. External Control, Corporate Strategy, and Firm Performance in Research-Intensive Industries [J]. Strategic Management Journal, 1988, 9 (6): 577-590.

[44] Hoskisson R., M. Hitt. Antecedents and Performance Outcomes of Diversification: A Review and Critique of Theoretical Perspectives [J]. Journal of Management, 1990 (16): 461-509.

[45] Johnson S., T. Mitton. Cronyism and Capital Vontrols: Evidence from Malaysia [J]. Journal of Financial Economics, 2003 (67): 351-382.

[46] Kamein, Schwartz. Market Structure and Innovation: A Survey' Spatial Location [J]. Strategic Management Journal, 1975 (8): 10-20.

[47] Karl V. Lins, Henri Servaes. Is Corporate Diversification Beneficial in Emerging Markets [J]. Financial Management, 2012 (6): 5- 31.

[48] Kraaijenbrink J., Spender J. C., Groen A. J. The Rsource-based View: A Review and Assessment of its Critiques [J]. Journal of Management, 2010, 36 (1): 349-372.

[49] Krueger, Anne O. The Political Economy of the Rent-Seeking Society [J]. The American Economic Review, 1974 (6): 291-303.

[50] La Porta R., Lopez-de-Silanes F., Shleifer A., Vishny R.W. Corporate Ownership Around the World [J]. Journal of Finance, 1999 (54): 471-517.

[51] Lamont O. Does Diversification Destroy Value? Evidence from Industry Shocks [J]. The Center for Research in Securities Prices, 2000 (6): 20-27.

[52] Lewellen, W. A Pure Financial Rationale for the Conglomerate Merger [J]. Journal of Finance, 1971 (26): 315-335.

[53] Li L., A. Zhou. Political Turnover and Economic Performance: The Incentive Role of Personnel Control in China [J]. Journal of Public Economics, 2005 (89): 1743-1762.

[54] Li L.T., Li J.P. International Diversification and Performance: Evidence from Singapore [J]. Asia Pacific Journal of Management, 1996 (22): 65–88.

[55] Lien L. B., Klein P. G. Using Competition to Measure Relatedness [J]. Journal of Management, 2009, 35 (4): 1078–1107.

[56] Lippman R., Montgomery. Conglomerate Growth and Public Policy. Economics of Conglomerate Growth, Department of Agricultural Economies [M]. Corvallis, OR, Oregon State University, 1988: 72–80.

[57] Lim, E. N. K., Das, S. S., Das A. Diversification Strategy, Capital Structure, and the Asian Financial Crisis (1997~1998): Evidence from Singapore Firms [J]. Strategic Management Journal, 2009 (30): 577–594.

[58] Makri M., Hitt M. A., Lane P J. Complementary Technologies, Knowledge Relatedness, and Invention Outcomes in High Technology Mergers and Acquisitions [J]. Strategic Management Journal, 2010, 31 (6): 602–628.

[59] Malmendier U., G. Tate.Who Makes Acquisitions? CEO Overconfdence and the Market's Reaction [J]. Journal of Finance Economics, 2008 (89): 285–291.

[60] Markides C.C., Williamson P.J. Related Diversification, Core Competencies and Corporate Performance [J]. Strategic Management Journal, 1994 (15): 33–48.

[61] Matasusaka J. Corporate Diversification, Value Maximization, and Organizational Capabilities [J]. Journal of Business, 2001 (74): 409–431.

[62] May D. Do Managerial Influence Firm Risk Reduction Strategies [J]. Journal of Finance, 1995 (50): 1291–1308.

[63] Megginson W.L., Netter J.M. From State to Market: A Survey of Empirical Studies on Privatization [J]. Journal of Economic Perspective, 2001 (6): 203–225.

[64] Melicher, R., D. Rush. The Performance of Conglomerate Firms: Recent Risk and Return Experience [J]. Journal of Finance, 1973 (28): 381–388.

[65] Miller D. J. Technological Diversity, Related Diversification, and Firm

Performance [J]. Strategic Management Journal, 2006, 27 (7): 601-619.

[66] Morck R.K., Stangeland D.A., Yeung B. Intherited Wealth, Corporate Control, and Economic Growth: The Canadian Disease. In: R.Morek (ed.), Concentrated Corporate Ownership [J]. University of Chicago Press: Chicago, 2000.

[67] Mueller D. A Theory of Conglomerate Mergers [J]. Quarterly Journal of Economics, 1969 (83): 643-659.

[68] Nanda V., Narayanan M. P. Disentangling Value: Financing Needs, Firm Scope, and Divestitures [J]. Journal of Financial Intermediation, 1999, 8 (3): 174-204.

[69] Jensen M.C. Agency Costs of Free Cash Flow, Corporate Finance and Takeovers [J]. American Economic Review, 1986 (76): 323-329.

[70] Jensen, Meckling. Theory of the Firm: Managerial Behavior, Agency Cost and Ownership Structure [J]. Journal of Financial Economics, 1976 (3): 305-360.

[71] M. Porter. From Competitive Advantage to Corporate Strategy [J]. Harvard Business Review, 1987 (5-6): 43-59.

[72] Peteraf M.A. The Cornerstones of Completive Advantage: A Resource-based View [J]. Strategic Management Journal, 1993, 14 (3): 179-191.

[73] Qian Yingyi. Enterprise Reform in China Agency Problems and Political Control [J]. Economics of Transition, 1996 (4): 421-447.

[74] Ravichandran V. Research on Corporate Diversification: A Synthesis [J]. Strategic Management Journal, 1989 (10): 523-551.

[75] Raphael Amit, Joshua Livnat. Diversification Strategies, Business Cycles and Economic Performance [J]. Strategic Management Journal, 1988 (4): 99-110.

[76] Richard A. Bettis. Performance Differences in Related and Unrelated Diversified Firms [J]. Strategic Management Journal, 2011 (10): 379-393.

[77] Roll. The Hubris Hypothesis of Corporate Takeovers [J]. Journal of Business, 1986 (2): 124-146.

［78］ Rocca M. L., Rocca, T. L., Gerace D. A Survey of the Relation between Capital Structure and Corporate Strategy ［J］. The Australasian Accounting Business and Finance Journal, 2008, 2 (2): 1-18.

［79］ Rose Vernon, Shepard A. A Survey of Corporate Governance ［J］. Journal of Finance, 1997 (52): 37-83.

［80］ R. H. Coase. The Nature of the Firm ［J］. Economica, 1937 (16): 386-405.

［81］ Scharfstein D., Stein J.C. The Dark Side of Internal Capital Markets: Divisional Rent-seeking and Inefficient Investment ［J］. The Journal of Finance, 2000 (6): 2537-2564.

［82］ Servaes H. The Value of Diversification during the Conglomerate Merger Wave ［J］. Journal of Finance, 1996 (51): 1201-1226.

［83］ Shefrin, H. Behavioral Corporate Finance ［J］. New York: McGraw-Hill, 2006, 6 (1).

［84］ Shin H.H., Stulz R.M. Are Internal Capital Markets Efficient ［J］. The Quarterly Journal of Economics, 1998 (113): 531-552.

［85］ Shleifer A., Vishny R.W. Do Managerial Objectives Drive Bad Acquisitions［J］. The Journal of Finance, 1989, 45 (1): 57-89.

［86］ Shleifer A., Vishny R.W. Managerial Entrenchment, the Case of Manager Specific Investments ［J］. Journal of Financial Economics, 1990 (25): 123-139.

［87］ Shleifer A., Vishny R.W. Politicians and Firms ［J］. Quarterly Journal of Economics, 1994 (4).

［88］ Stein J.C. Internal Capital Markets and the Competition for Corporate Resources ［J］. Journal of Finance, 1997 (52): 111-133.

［89］ Stulz J. Takeovers Motives during the Conglomerate Merger Wave ［J］. RAND Journal of Economics, 1993 (24): 357-379.

［90］ Sun P. Is the State Led Industrial Restructuring Effective in Transition

China? Evidence from the Steel Sector [J]. Cambridge Journal of Economics, 2007 (31): 601-624.

[91] Teece D.J. Economics of Scope and the Enterprise[J]. Journal of Economic Behavior & Organization, 1980, 1 (3): 223-247.

[92] Teece D.J. Towards an Economic Theory of the Multiproduct Firm [J]. Journal of Economic Behavior & Organization, 1982, 3 (1): 39-63.

[93] Villalonga B. Diversification Discount or Premium? New Evidence from BITS Establishment-level Data [M]. Anderson Graduate School of Management, University of California, Los Angeles, 2000.

[94] Wade M.R, Gravill J.I. Diversification and Performance of Japanese IT Subsidiaries: A Resource-based View [J]. Strategic Management Journal, 2003 (40): 305-316.

[95] Wan W. P., Hoskisson R. E., Short J. C. Resource-based Theory and Corporate Diversification Accomplishments and Opportunities [J]. Journal of Management, 2011, 37 (5): 1335-1368.

[96] Wernerfelt B. A Resource-based View of the Firm [J]. Strategic Management Journal, 1984 (5): 171-180.

[97] Wernerfelt B., Chatterjee S. The Link Between Resources and Type of Diversification: Theory and Evidence [J]. Strategic Management Journal, 1991 (12): 33-84.

[98] Wernerfelt B., Montgomery C.A. Diversification, Ricardian Rents, and Tobin's Q [J]. The Rand Journal of Economics, 1988 (19): 623-632.

[99] Weston J., S. Mansinghka. Tests of the Efficiency Performance of Conglomerate Firms [J]. Journal of Finance, 1971 (26): 919-936.

[100] Whited T.Is it Inefficient Investment that Causes the Diversification Discount [J]. Journal of Finance, 2001 (57): 1667-1691.

[101] William L. Megginson, Robert C. Nash, Jeffry M. Netter, Annette B.

Poulsen. The Choice of Private Versus Public Capital Markets: Evidence from Privatizations [J]. The Journal of Finance, 2012 (12): 2835-2870.

[102] Wulf J. Influence and Inefficiency in the Internal Capital Market: Theory and Evidence [M]. The Wharton School, University of Pennsylvania, 1998.

[103] 步方. 经理人持股、研发支出与公司经营绩效 [D]. 安徽工业大学硕士学位论文, 2011.

[104] 蔡地, 万迪昉. 民营企业家政治关联政府干预与多元化经营 [J]. 当代经济科学, 2009 (11): 17-22.

[105] 陈艳利, 李新彦. 监管情境下的央企控股上市公司关联交易——基于中国资本市场的经验分析 [J]. 财经问题研究, 2013 (4): 90-98.

[106] 陈晓, 王琨. 关联交易、公司治理与国有股改革——来自我国资本市场的实证证据 [J]. 经济研究, 2005 (4): 77-86.

[107] 陈信元, 陈冬华, 万华林. 国有企业中的薪酬管制与在职消费 [J]. 经济研究, 2005 (2): 92-101.

[108] 陈信元, 黄俊. 政府干预、多元化经营与公司业绩 [J]. 管理世界, 2007 (1): 92-97.

[109] 陈运森, 谢德仁. 网络位置、独立董事治理与投资效率 [J]. 管理世界, 2011 (7): 113-127.

[110] 程立. 公司治理、多元化与企业绩效 [D]. 复旦大学博士学位论文, 2004.

[111] 程柯, 陈志斌, 赵卫斌. 产权性质、独立董事机制与投资效率——来自中国A股非金融类上市公司的经验证据 [J]. 技术经济, 2012 (3): 103-109.

[112] 崔学刚. 上市公司重组绩效: 理论与实证研究 [M]. 大连: 东北财经大学出版社, 2007.

[113] 郝颖, 刘星. 政府干预、资本投向与结构效率 [J]. 管理科学学报, 2011(6): 52-72.

[114] 邓可斌, 丁重. 多元化战略与企业资本结构之间关系探析 [J]. 管理学

报，2010（7）：1075-1084.

［115］邓建平，曾勇，何佳. 关联并购重组：根源与后果［J］. 管理学报，2011（8）：1238-1246.

［116］邓淑芳，姚正春，李志文. 收购人层级与收购后上市公司长期绩效［J］. 南开管理评论，2006（6）：55-60.

［117］邓新明. 我国民营企业政治关联、多元化战略与公司绩效［J］. 南开管理评论，2011（4）：4-15.

［118］窦炼. 融资约束、代理冲突与中国上市公司投资行为研究——基于控制权私有收益视角［D］. 重庆大学博士学位论文，2011.

［119］樊纲，王小鲁，朱恒鹏. 中国市场化指数——各地区市场化相对进程2011年报告［M］. 北京：经济科学出版社，2011.

［120］方军雄. 所有制、制度环境与信贷资金配置［J］. 经济研究，2007（12）：82-92.

［121］方军雄. 政府干预、所有权性质与企业并购［J］. 管理世界，2008（9）：118-123.

［122］冯根福，吴林江. 我国上市公司并购绩效的实证研究［J］. 经济研究，2001（1）：54-61.

［123］费方域. 控制内部人控制［J］. 经济研究，1996（8）：10-14.

［124］傅强，方文俊. 管理者过度自信与并购决策的实证研究［J］. 商业经济与管理，2008（4）：60-65.

［125］高燕燕，黄国良. 并购绩效问题研究述评［J］. 山东工商学院学报，2006(1)：62-68.

［126］高燕燕，黄国良，孙自愿. "全流通"时代上市公司并购新趋势［J］. 中国管理信息化，2008（9）：45-47.

［127］高燕燕，孙自愿. 解析"中国杠杆收购的第一案"［J］. 企业管理，2009（11）：52-54.

［128］高燕燕，黄国良. 政府干预和内部人控制与企业多元化研究［J］. 技术

经济与管理研究，2015（3）：43–47.

［129］高燕燕，黄国良. 政府干预对多元化并购的影响［J］. 学术界，2015（6）：74–83.

［130］龚小君，车幼梅. 公司资源、治理结构与多元化战略类型选择：理论与证据［J］. 工业经济研究，2005（4）：76–83.

［131］郭海星，万迪昉. 政府干预、控制权私人收益与国有企业并购研究［J］. 华东经济管理，2010（7）：107–110.

［132］国晖. 中国上市投资效率研究［D］. 湖南大学博士学位论文，2011.

［133］郭志鹏. 激励与约束：中国地方政府经济行为研究［D］. 上海社会科学院博士学位论文，2006.

［134］何浚，钱颖一. 上市公司治理结构的实证分析［J］. 经济研究，1998（5）：50–57.

［135］韩忠雪，程蕾. 控制权收购、多元化经营与公司财富效应［J］. 山西财经大学学报，2011（10）：96–104.

［136］郝颖，刘星，林朝南. 我国上市公司高管人员过度自信与投资决策的实证研究［J］. 中国管理科学，2005（5）：142–148.

［137］洪道麟，刘力，熊德华. 多元化并购、企业长期绩效损失及其选择动因［J］. 经济科学，2006（5）：63–73.

［138］洪道麟，王辉. 融资约束、所有权性质、多元化和资本结构内生性——来自再融资的证据［J］. 当代财经，2008（8）：68–74.

［139］洪道麟，熊德华. 中国上市公司多元化与企业绩效分析——基于内生性的考察［J］. 金融研究，2006（11）：33–43.

［140］洪剑峭，薛皓. 股权制衡对关联交易和关联销售的持续性影响［J］. 南开管理评论，2008（1）：24–30.

［141］贾良定，张君君，钱海燕，崔荣军，陈永霞. 企业多元化的动机、时机和产业选择——西方理论和中国企业认识的异同研究［J］. 管理世界，2005（8）：94–104.

[142] 姜付秀，刘志彪，陆正飞. 多元化经营企业价值与收益波动研究 [J]. 财经问题研究，2006 (11)：27-34.

[143] 姜付秀，陆正飞. 多元化与资本成本的关系 [J]. 会计研究，2006 (6)：81-89.

[144] 姜付秀，张敏，陆正飞，陈才东. 管理者过度自信、企业扩张与企业财务困境 [J]. 经济研究，2009 (1)：131-143.

[145] 康荣平. 企业多元化经营 [M]. 北京：经济科学出版社，1999.

[146] 李丹蒙，夏立军. 股权性质、制度环境与上市公司 R&D 强度 [J]. 财经研究，2008，34 (4)：93-104.

[147] 李国栋. 董事会职能影响企业多元化经营绩效的实证研究 [D]. 南开大学博士学位论文，2010.

[148] 李莉，薛冬辉. 高管政治行为、多元化程度与民营企业绩效 [J]. 新兴经济体公司财务与资本市场研讨会论文集，2010.

[149] 李强，刘善敏. 地方政府干预、行业集中度与公司多元化 [J]. 华南师范大学学报（社会科学版），2007 (5)：49-56.

[150] 李善民，毛雅娟，赵晶晶. 高管持股、高管的私有收益与公司的并购行为 [J]. 管理科学，2010 (1)：2-12.

[151] 李善民，周小春. 公司特征、行业特征和并购战略类型的实证研究 [J]. 管理世界，2007 (3)：130-137.

[152] 李善民，朱滔. 多元化并购能给股东创造价值吗 [J]. 管理世界，2006 (4)：129-139.

[153] 李万福，林斌，宋璐. 内部控制在公司投资中的角色：效率促进还是抑制 [J]. 管理世界，2011 (2)：81-99.

[154] 李增泉. 国家控股与公司治理的有效性 [D]. 上海财经大学博士学位论文，2002.

[155] 李哲. 转型期中国国有上市公司并购重组的制度根源与实际绩效 [D]. 上海交通大学博士学位论文，2007.

[156] 刘红云，骆方等. 因变量为等级变量的中介效应分析 [J]. 心理学报，2013（12）：1431-1439.

[157] 刘菁. 公司治理结构与多元化经营的关系研究 [D]. 湖南大学硕士学位论文，2009.

[158] 刘勇. 企业并购中政府行为的目标选择与寻租分析 [J]. 经济评论，2004（2）：69-72.

[159] 林晓辉，刘湘玫. 公司治理结构与多元化经营 [J]. 税务与经济，2008（2）：23-29.

[160] 林晓辉，吴世农. 股权结构、多元化与公司绩效关系的研究 [J]. 证券市场导报，2008（1）：56-63.

[161] 马忠，刘宇. 企业多元化经营受政府干预、企业资源的影响 [J]. 中国软科学，2010（1）：116-127.

[162] 潘红波，夏新平，余明桂. 政府干预、政治关联与地方国有企业并购 [J]. 经济研究，2008（4）：41-52.

[163] 潘红波，余明桂. 支持之手、掠夺之手与异地并购 [J]. 经济研究，2011（9）：108-120.

[164] 潘石. “内部人控制企业”论质疑 [J]. 当代经济研究，1998（4）：33-36.

[165] 钱颖一，何浚. 上市公司治理结构的实证分析 [J]. 经济研究，1998（5）：50-57.

[166] 钱颖一. 企业的治理结构改革与融资结构改革 [J]. 经济研究，1995（1）：20-29.

[167] 青木昌彦. 对内部人控制的控制：转轨经济中公司治理的若干问题 [J]. 改革，1994（6）：11-16.

[168] 盛明泉，张春强. 基于不同并购类型的企业并购价值效应研究 [J]. 商业经济与管理，2011（9）：74-80.

[169] 孙铮，李增泉，王景斌. 所有权性质、会计信息与债务契约——来自

我国上市公司的经验证据［J］. 管理世界，2006（10）：100–107.

［170］孙自愿，卫慧芳. 政府干预、公司特征与并购扩张价值创造——基于资源基础理论视角［J］. 北京工商大学学报，2013（6）：57–65.

［171］覃志刚. 企业多元化经营绩效：理论与实证［M］. 北京：中国财政经济出版社，2009.

［172］王红斌. 论企业多元化经营的品牌整合［J］. 江西财经大学学报，2003（5）：34– 36.

［173］王化成，胡国柳. 股权结构与企业投资多元化关系：理论与实证分析［J］. 会计研究，2005（8）：56–62.

［174］汪建成. 企业扩展的业务地域多元化战略［M］. 广州：广东人民出版社，2011.

［175］王乔，章卫东. 股权结构、股权再融资行为与绩效［J］. 会计研究，2005（9）：51–56.

［176］王燕妮，李爽. 基于自由现金流的高管激励与研发投入关系研究［J］. 科学学与科学技术管理，2013（4）：143–149.

［177］王永钦等. 中国的大国发展道路——论分权式改革的得失［J］. 经济研究，2007（1）：34–38.

［178］魏立江. 基于终极控制人视角的多元化经营及绩效研究——来自中国上市公司的经验数据［D］. 暨南大学博士学位论文，2009.

［179］韦小柯. 多元化业务相关性与企业绩效关系研究［D］. 浙江大学博士学位论文，2007.

［180］文芳. 产权性质、债务来源与企业 R&D 投资——来自中国上市公司的经验证据［J］. 财经论丛，2010（3）：71–78.

［181］吴超鹏，吴世农，郑方镳. 管理者行为与连续并购绩效的理论与实证研究［J］. 管理世界，2008（7）：126–133.

［182］吴江龙，高燕燕. 协同效应发挥对企业实施并购的影响［J］. 会计之友（核心），2006（7）：44–46.

[183] 吴淑琨，席酉民. 公司治理与中国企业改革 [M]. 北京：机械工业出版社，2000.

[184] 肖坤龙. 政府干预与企业并购绩效 [D]. 暨南大学硕士学位论文，2012.

[185] 肖作平. 公司治理对资本选择的影响——理论和证据 [J]. 管理科学学报，2008 (5)：129-144.

[186] 辛清泉，郑国坚，杨德明. 企业集团、政府控制与投资效率 [J]. 金融研究，2007 (10)：123-147.

[187] (匈) 雅诺什·科尔奈. 短缺经济学 [M]. 张晓光，李振宁，黄卫平译. 北京：经济科学出版社，1986：251-268.

[188] 杨蓉，李红艳. 高管控制权、自由现金流与企业投资行为——基于中国制造业上市公司 [J]. 上海经济研究，2013 (12)：72-84.

[189] 姚海鑫，陆智强. 上市公司董事会结构与经理败德行为的关系研究——公司财务的视角 [M]. 北京：经济管理出版社，2011.

[190] 姚俊，吕源，蓝海林. 我国上市公司多元化与经济绩效关系的实证研究 [J]. 管理世界，2004 (11)：119-135.

[191] 尹义省. 适度多角化——企业成长与业务重组 [M]. 上海：三联书店出版社，1999.

[192] 余晖. 政府与企业——从宏观管理到微观管制 [M]. 福州：福建人民出版社，1997.

[193] 于剑南，李小军. 中国企业跨地区并购动因分析 [J]. 经济研究导刊，2012 (3)：35-37.

[194] 员玉玲，席酉民. "内部人控制" 问题与国有资产流失 [J]. 特区理论与实践，1996 (12)：23-26.

[195] 曾庆生，陈信元. 国家控股、超额雇员与劳动力成本 [J]. 经济研究，2006 (5)：74-86.

[196] 张长征，赵西萍. 企业规模、经理自主权与 R&D 投入关系研究——来

自中国上市公司的经验证据［J］. 科学学研究，2006（3）：432-438.

［197］张铭，柳新元. 论分享制的形式、本质与主要模式［J］. 浙江学刊，2002（2）：52-54.

［198］章卫东，周冬华，张洪辉. 政府干预与过度投资、多元化经营——来自中国证券市场的经验数据［A］. 中国会计学会2013年学术年会论文集，2013.

［199］曾亚敏. 中国上市公司多元化经营动因的实证分析［D］. 厦门大学博士学位论文，2005.

［200］张卫国，袁芳，陈宇. 上市公司多元化战略与经济绩效关系实证分析［J］. 重庆大学学报（自然科学版），2002（11）：135-139.

［201］张维迎. 企业理论与中国企业改革［M］. 北京：北京大学出版社，1999.

［202］赵卫斌，陈志斌. 政府控制、成长性与企业现金持有价值［J］. 当代经济科学，2012（2）：88-93.

［203］钟海燕，冉茂盛，文守逊. 政府干预、内部人控制与公司投资［J］. 管理世界，2010（7）：98-108.

［204］周黎安. 晋升博弈中政府官员的激励与合作［J］. 经济研究，2004（6）：101-112.

［205］朱滔. 上市公司并购的短期和长期股价表现［J］. 当代经济科学，2006（3）：31-39.

［206］朱滔. 民营上市公司并购效果实证分析［J］. 证券市场导报，2007（11）：37-42.

后 记

在本书付梓出版之际，先要感谢我的博士生导师黄国良教授。黄老师高尚的人品、严谨的学风、渊博的学识、博大的胸怀、把握全局的能力和忘我的工作精神使我深深地感受到作为一位师者的人格魅力，是我一生学习的榜样。还要感谢我的师兄李强副教授、师弟张亮亮老师、侯晓红教授、林爱梅教授、郑爱华教授、姚圣副教授等的无私帮助，他们对本书提出了很多宝贵的修改意见，并一直在学习和生活上给予我关怀和鼓励。感谢含辛茹苦养育我的父母，他们的殷切期盼和无私奉献是激励我坚持不懈、不断前进的动力和信心。感谢我的良师益友王丽，是你让我明白了人生真正的意义，找到正确的道路。感谢好友王芬、王芳、睢娜、孙子晴、汪盈楠、明净、马源、莫莉、修文乔对我的关怀和陪伴。感谢经济管理出版社赵喜勤老师及其他编辑老师的悉心帮助。在此虽只有只言片语感谢，但感恩之心却在永远。

如今，辛勤的劳动终于凝结成这一本并不太厚的专著。从一行行铅字中，我看到了自己深深浅浅的足迹，看到了自己的成长。当然，喜悦的同时也深感忐忑，能力的限制使书中肯定存在很多的不足与粗糙之处，这也鞭策我在未来的研究学习中不断提高自己，努力前行。

高燕燕

2015 年 11 月 21 日